お遍路さんと呼ばれて

四国一二〇〇キロ歩き旅

津田文平

お遍路さんと呼ばれて

四国一二〇〇キロ歩き旅

〔目　次〕

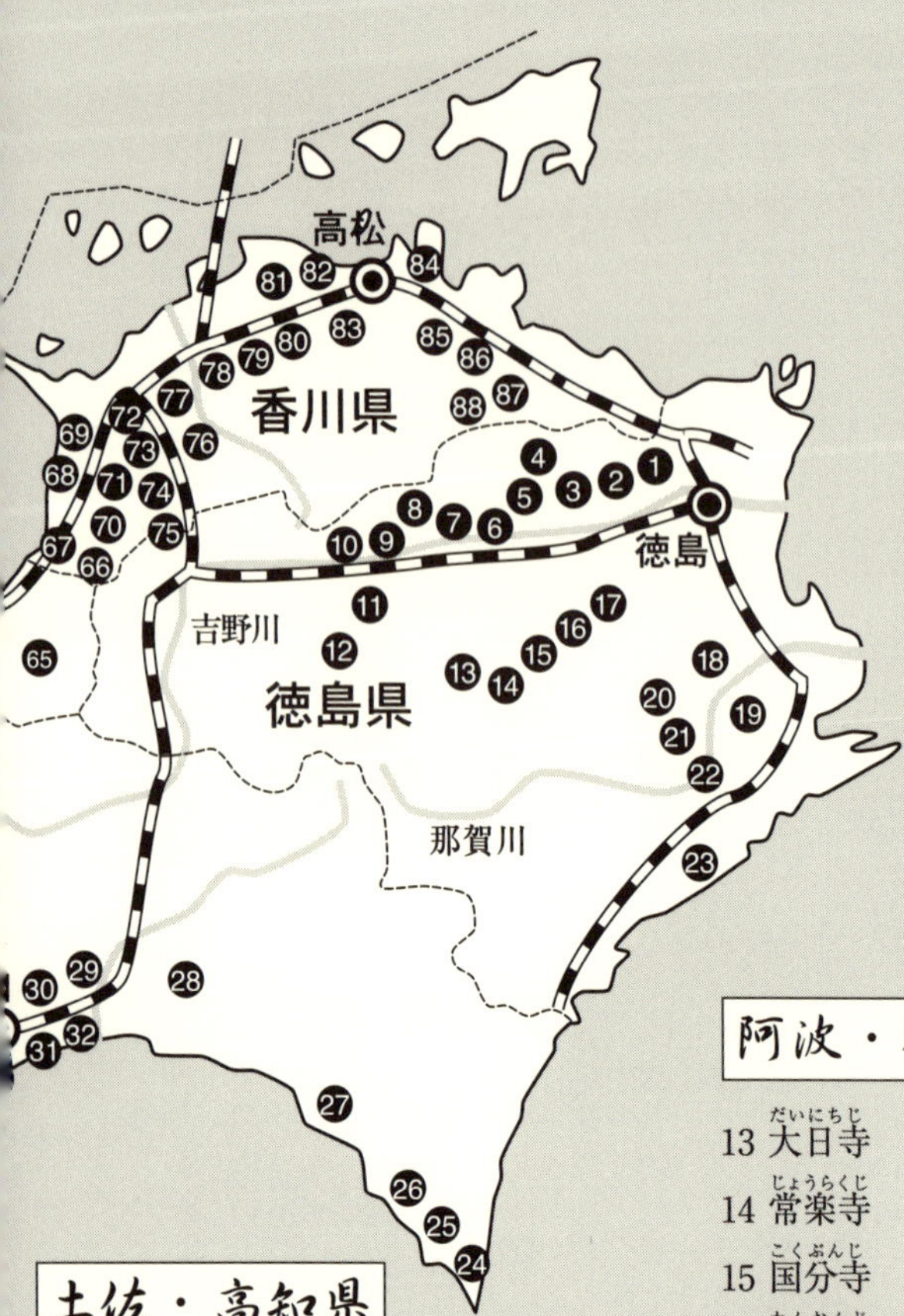

讃岐・香川県

66 雲辺寺《うんぺんじ》
67 大興寺《だいこうじ》
68 神恵院《じんねいん》
69 観音寺《かんおんじ》
70 本山寺《もとやまじ》
71 弥谷寺《いやだにじ》
72 曼荼羅寺《まんだらじ》
73 出釈迦寺《しゅっしゃかじ》
74 甲山寺《こうやまじ》
75 善通寺《ぜんつうじ》
76 金倉寺《こんぞうじ》

77 道隆寺《どうりゅうじ》
78 郷照寺《ごうしょうじ》
79 高照院《こうしょういん》
80 国分寺《こくぶんじ》
81 白峯寺《しろみねじ》
82 根香寺《ねごろじ》
83 一宮寺《いちのみやじ》
84 屋島寺《やしまじ》
85 八栗寺《やくりじ》
86 志度寺《しどじ》
87 長尾寺《ながおじ》
88 大窪寺《おおくぼじ》

阿波・徳島県

13 大日寺《だいにちじ》
14 常楽寺《じょうらくじ》
15 国分寺《こくぶんじ》
16 観音寺《かんおんじ》
17 井戸寺《いどじ》
18 恩山寺《おんざんじ》
19 立江寺《たつえじ》
20 鶴林寺《かくりんじ》
21 太龍寺《たいりゅうじ》
22 平等寺《びょうどうじ》
23 薬王寺《やくおうじ》

1 霊山寺《りょうぜんじ》
2 極楽寺《ごくらくじ》
3 金泉寺《こんせんじ》
4 大日寺《だいにちじ》
5 地蔵寺《じぞうじ》
6 安楽寺《あんらくじ》
7 十楽寺《じゅうらくじ》
8 熊谷寺《くまたにじ》
9 法輪寺《ほうりんじ》
10 切幡寺《きりはたじ》
11 藤井寺《ふじいでら》
12 焼山寺《しょうさんじ》

土佐・高知県

32 禅師峰寺《ぜんじぶじ》
33 雪蹊寺《せっけいじ》
34 種間寺《たねまじ》
35 清瀧寺《きよたきじ》
36 青龍寺《しょうりゅうじ》
37 岩本寺《いわもとじ》
38 金剛福寺《こんごうふくじ》
39 延光寺《えんこうじ》

24 最御崎寺《ほつみさきじ》
25 津照寺《しんしょうじ》
26 金剛頂寺《こんごうちょうじ》
27 神峯寺《こうのみねじ》
28 大日寺《だいにちじ》
29 国分寺《こくぶんじ》
30 善楽寺《ぜんらくじ》
31 竹林寺《ちくりんじ》

四国八十八カ所巡礼図

伊予・愛媛県

40 観自在寺《かんじざいじ》
41 龍光寺《りゅうこうじ》
42 佛木寺《ぶつもくじ》
43 明石寺《めいせきじ》
44 大寶寺《だいほうじ》
45 岩屋寺《いわやじ》
46 浄瑠璃寺《じょうるりじ》
47 八坂寺《やさかじ》
48 西林寺《さいりんじ》
49 浄土寺《じょうどじ》
50 繁多寺《はんたじ》
51 石手寺《いしてじ》
52 太山寺《たいさんじ》
53 圓明寺《えんみょうじ》
54 延命寺《えんめいじ》
55 南光坊《なんこうぼう》
56 泰山寺《たいさんじ》
57 栄福寺《えいふくじ》
58 仙遊寺《せんゆうじ》
59 国分寺《こくぶんじ》
60 横峰寺《よこみねじ》
61 香園寺《こうおんじ》
62 宝寿寺《ほうじゅじ》
63 吉祥寺《きちじょうじ》
64 前神寺《まえがみじ》
65 三角寺《さんかくじ》

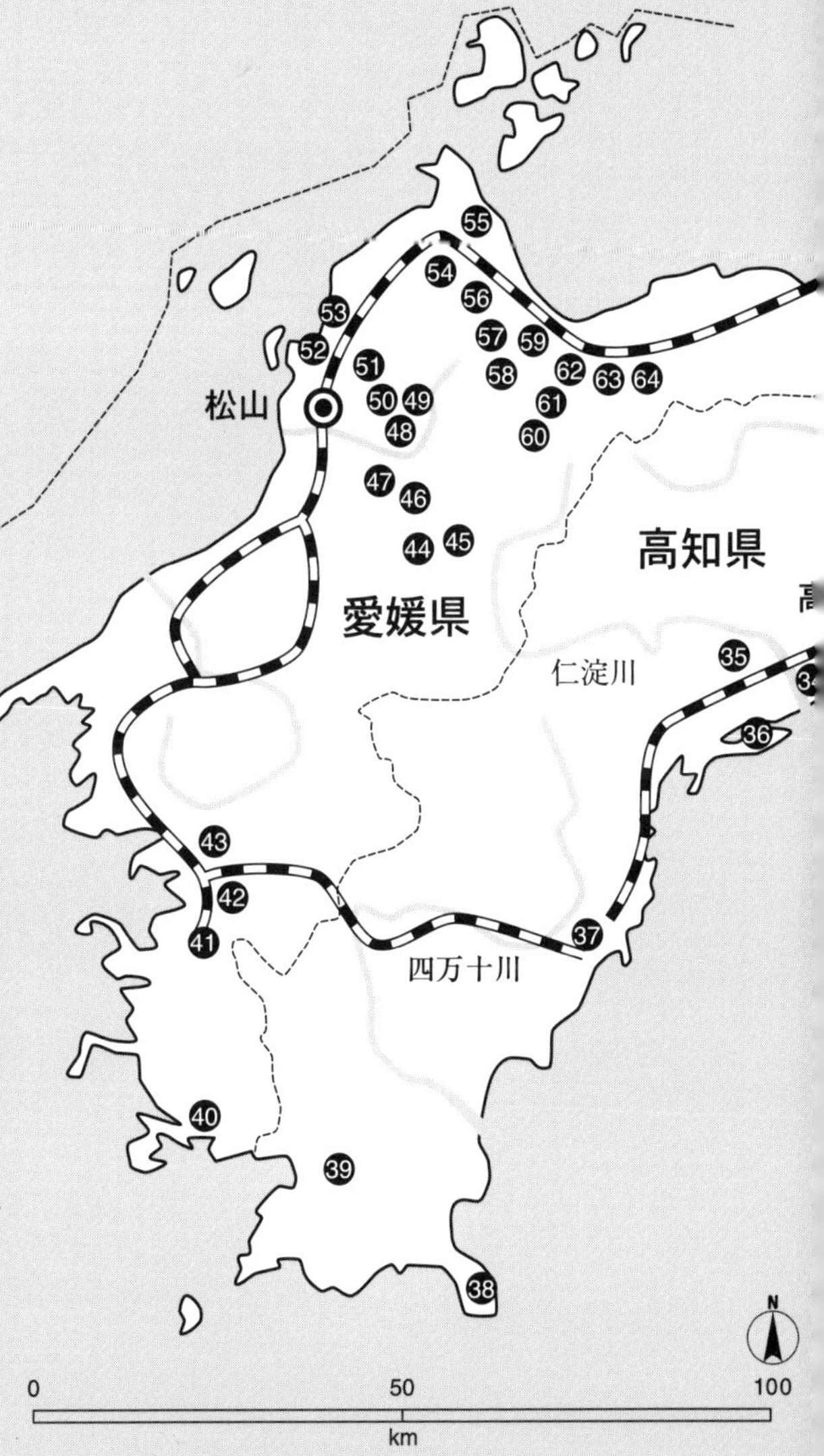

瀬戸大橋を渡る電車の窓からは、わずかに緑がかった青い海原が見えていた。

「ついに来た。来てしまった」

ゴーゴーと音を立てる電車の中で、そんな思いが頭の中を駆け巡っていた。

遍路……。

高校時代に読んだ田宮虎彦の小説『足摺岬《あしずりみさき》』で知った。弘法大師・空海の修行の足跡をたどって四国八十八カ所を巡礼する旅のことである。

実際に、お遍路さんを目の当たりにしたのは、ユースホステルを使って四国を一周した大学時代だった。白の装束に金剛杖。町を行く姿は現実離れしていて、脳裏に一枚の映像として焼き付いた。遍路のまま朽ち果てようとする姿を描いた小説の影響が大きかったからかもしれない。

二週間前、私は三〇年間の新聞記者生活に終止符を打っていた。理由はいろいろある。だが、定年まで勤めると新たなことを始める気力、体力がないかもしれない。いったん、リタイアして遍路に出てから人生をリセットしよう。それも全行程を歩き通すことで何かが見えてくるのではないか。以前から抱いていた思いであった。

無人駅　一番札所「霊山寺」

「次の坂東《ばんどう》方面行きは一五時九分ですよ」

JR高徳《こうとく》線・板野《いたの》駅。特急から各駅停車に乗り換えるのだが、ホームには腰を下ろすところもない。陸橋を上がり改札口に向かうと、掃除をしていた駅員が私の問いにそう答えた。

懐かしい感じのする古びた駅舎である。壁に沿った長い木のベンチに座りながら、時刻表やポスター、町内無料と書かれた黒電話をぼんやりと眺めていた。今まで何人の歩き遍路志願者がこの駅に立ち寄ったことだろう。

二〇〇四年六月二三日。この日、富山からJR北陸本線で京都へ。新幹線に乗り換えて岡山へ。そして瀬戸大橋線マリンライナーで高松に着いた。徳島行きの特急に乗り、降りたのが板野駅である。梅雨《つゆ》の真っ盛りだが、台風一過で日差しがやけに強かった。

ようやく来たローカル電車は一両だった。いや、ここは電化されていない。ディーゼルだ。乗り込んだ客は私を含め二人だけである。

四国八十八カ所一番札所・霊山寺《りょうぜんじ》のある坂東駅は小さな無人駅だった。なのに駅前にはタクシー会社がある。鉄道を利用する客は少なくても、タクシーの需要はあるのだろう。標識にしたがってしばらく直進後、左折して道幅の狭い通りに出た。人通りがほとんどない道を八〇〇メートルほど歩くと霊山寺に着いた。ここには、お遍路さんがかなりいて、にぎわっている。それまでのひっそりとした空間とのギャップの大きさに少し面食らった。

考えてみると、当たり前のことである。お遍路さんは四国をすべて回るが、どこにでもいるというわけではない。バスで遍路をする人はお寺と宿泊先でしか姿を見せないし、歩き遍路にしてもルートを外れるといない。

作法が分からないので手を合わせてお参りした後、本堂の中にある巡拝用品売り場に向かった。まるで土産物店のように杖《つえ》から数珠《じゅず》まで、ぎっしりと陳列してある。

「これから全部歩いて回ろうと思いますので、何がいりますか」

中年の男性が、係りのおばさんに尋ねていた。同好の士がいるのかと思うと、何か心強くなる。おばさんは、てきぱきと用品をそろえて料金を受け取り、

「そこに住所と名前を書いてください。はい、お気をつけて」

と送り出した。霊山寺では歩き遍路の出発記録が置いてあるのだ。

さて、私の番である。いろいろ見ていたから、すぐに用品をそろえてレジに持って行った。

まずは白衣《びゃくえ》。白装束とも言うが、背中に「南無大師遍照金剛」と弘法大師の御宝号（名前）が墨で書かれている。ほかに金剛杖、菅笠《すげがさ》、輪袈裟《わげさ》、頭陀袋《ずだぶくろ》（山谷袋《さんや》）、数珠、経本、持鈴、納札《のうさつ》（「おさめふだ」ともいう）、納経帳、ローソク、線香などである。

納札は、お参りしたときに写経の代わりに納めるもので、横五センチ、縦一五・五センチの長方形の紙である。「奉納八十八ヶ所霊場巡拝　同行二人」などという文字が印刷されており、年月日と住所、氏名を書くところがある。

白が基本だが、巡拝回数に応じて緑、赤、銀、金など格付けがある。緑が五回以上、赤が一〇回以上、銀が二五回以上で、金色になると五〇回目から使うそうだ。まるで、銀婚や金婚のようなものだ。一〇〇回を超えると錦というが、これは遍路中、見たことがなかった。

納札はお寺に納めるだけでなく、お金や物をもらう「お接待」を受けたときのお礼としても使う。一束二〇〇枚だから、八十八カ所の本堂と大師堂で一枚ずつ使用してもだいたい足りる。もちろん、途中の寺で買うこともできる。

納経帳は、参拝後に御宝印を捺《お》してもらうための帳面である。お寺の納経所へ行くと本尊を梵《ぼん》字《じ》と漢字で、さらに寺の名前などを墨で書いてくれる。一つのお寺で料金は三〇〇円と決まっているという。ほかに判衣と言って、道中に着る白衣とは別の専用の白衣に書いてもらう場合は二〇〇円、掛け軸だと五〇〇〇円である。

経本や納経帳、ローソク、お線香を入れる頭陀袋は、薄手のものを手にしていたら、係りのおばさんが、

「歩きだと、雨が降ると困るからこちらの方にしなさい」

と、丈夫なズック地のものを選んでくれた。

さらに、私は白のジーンズを履いていたのだが、

「ズボンの替えがないなら、これがいいよ」

と、白のトレパンのようなズボンをビニール袋から出した。手触りで化繊だと分かるが、

「乾燥機がなくても脱水機にかけただけで、ほとんど乾くから便利だよ」

ズボンの上から履いてみてくれと言われて、

「はい、ＬＬだね」

「まさか……、Ｍじゃないの」と思ったが、言われるままにした。

もっとも、遍路の途中からこのズボンしか履かなくなった。肌触りは悪いが、確かに洗濯が楽だったからだ。毎日洗って、翌日それを履いていく。その繰り返しだった。菅笠も「ゴム紐《ひも》では風で飛ばされるから、付け替えてあげますね」と、別の紐をつけてもらった。

しめて二万円あまり。結構かかった。手甲・脚絆《きゃはん》に白の地下足袋こそ買わなかったが、正装し

すぎた。あとで分かるが、夏場の歩き遍路は短パンの人が多かったからである。頭陀袋もバス遍路の人たちと違って、歩き遍路は持たない人が多い。もともと大きな荷物をかついでいるからであろう。

ただ、ありがたいことも多かった。きちんとした遍路装束に身を包んでいたからこそ、髭《ひげ》が伸び放題の「うさん臭いおじさん」にも、四国の人々は親切に対応してくれたような気がするからだ。

用意は整った。霊山寺でこの日の宿である民宿「観梅苑」の道筋を聞き、歩き出す。リュックのほかに杖と笠、それに衣装などを入れた大きなビニール袋。荷物が増えたこともあって急に汗が噴き出た。

「なんで、こんなことをしているのだろうか」

突然、予想もしない疑問が頭をよぎった。

もう一人の自分が答える。

「サイは投げられた」「お大師さまが呼んでいる」

それ以上の答えはなかった。

四〇年ぶり丸坊主

「この辺に床屋さんはありませんか。頭を丸めたいので」

民宿に着くなり奥さんに尋ねたら、駅から霊山寺へ向かう途中にあった小さな床屋さんを紹介してくれた。

「ちょっと遠いから自転車を貸してあげる。それで行きなさいよ」

と、勝手口の方に回って自転車を出してきた。鍵が壊れているようなので、

「この鍵はどうかけるんですか」と聞いた。

「鍵はいいです。床屋さんの前に置いておけば、大丈夫」

やや下りの道はペダルをこぐ力もあまりいらず気持ちいい。四国で自転車に乗っていることが不思議な感じだった。

床屋は、年配の男性が一人でやっていた。

「遍路に出たいので、頭を丸刈りにしてもらえませんか」

「どのくらい短くします?」

「あまりつるつるなのは、ちょっと……」

主人はバリカンの刃を選んで、一気に頭の真ん中から刈り始めた。丸坊主にするのは中学以来

四〇年ぶりだ。

覚悟はできていたから、後悔はしていない。あっという間に変わっていく鏡の中の姿を眺めていた。

「シャンプーしますか」

「宿でお風呂に入るから結構です」

すっかり涼しくなった頭をブラシで掃除しながら、主人は「頭の格好がいい」とお世辞を言った。

西日を浴びながら民宿に戻るとき、霊山寺の横を通った。何か違って見えた。形から入ったとはいえ一歩だけ遍路に近づいたのかもしれない。

夕食時、これが最後と思ってビールを頼んだ。刺し身、エビ、カニ、肉と豪勢な食事だったこともある。そこへ、この家の小学校五年生の娘さんが「ただいま」と言って入ってくるなり、そばのテーブルで勉強を始めた。わが家の子供たちはどうしているだろうと思う。初日から里心が呼び覚まされた。

食事は一人だけで済ませた。ただ、あと二人分の用意はしてあった。梅雨から夏場にかけて遍路はシーズンオフらしい。

ガイドブックなどを読んで、初日の夜はすぐに寝てしまった。

遍路シール

二番札所「極楽寺」・三番札所「金泉寺」・四番札所「大日寺」・五番札所「地蔵寺」・六番札所「安楽寺」

六月二四日（木）。

昨夜の天気予報では雨の心配もあったが、空は明るい。少しだけ気分が楽になった。ランニングシャツの上に、初めて白衣を着た。頭にタオルをかけてから菅笠をかぶる。金剛杖を持ってみた。鏡の前に立つと、ピカピカのお遍路さんの出来上がりだ。

歩き遍路ということで、観梅苑のおばあちゃんがおにぎりを作ってくれた。

「さあ、今日からですね。ゆっくり、気をつけて」

優しい声に送られ、一歩を踏み出した。

だが、道行く人の目が気になってしょうがない。じろじろ見られている気がする。ならば、ここそしていても仕方がない。堂々と歩こうと何度も思う。

道筋は、霊山寺で購入した、へんろみち保存協力会編「四国遍路ひとり歩き同行二人」の地図編が頼りだ。

解説編も買ったが、きのうのうちにだいたい読んでしまった。こちらは巡拝プランの立て方から、遍路用品の取り扱い、注意点、装備と携行品、さらには参拝の仕方や心得、戒めはもちろん、足のマッサージのつぼからテーピングの仕方まで、このうえなく親切な本である。

しかし、毎日何度も見る地図編と違って、一度読んでしまうと読み返すことはあまりない。実際に荷物を少しでも軽くしようと、後日、衣類とともに自宅へ宅配便で送ってしまった。

その解説編によると、

「金剛杖は四歩に一回、軽く突くこと」

とある。気をつけながら四歩に一回突いてみたら何のことはない。自然とそうなるのである。すっかり調子よくなって、歩いていたら小さな橋を半分通り過ぎていた。

「しまった……」

橋の上では杖を突かない習わしだ。

弘法大師が一夜の宿を求めたものの泊めてくれるところがなく、橋の下で野宿をした。その故事から、お大師さまの眠りを妨げることがないよう心遣いをすることから来ているそうだ。

ことほどさように遍路の決まりは実にたくさんある。どこまで徹底するかは、その人の考え方次第だが、単に迷信と言ってしまえば遍路そのものが成り立たない。

二番極楽寺《ごくらくじ》は、霊山寺からわずか一・四キロのところにある。ここで初めて正式なお参りをすることになった。

山門で一礼。手水《ちょうず》で左手、ついで右手を清める。輪袈裟をつけて本堂へ。ローソクと線香に火をつける。「ローソクは上段から立ててください」「線香は真ん中から」と書いてある。仏教の作法かと思ったが、なんのことはない。次の人がやけどをしないためである。

納札は、昨夜のうちに一六年六月吉日と日付を入れ、名前と住所も書いておいた。それを一枚取り出して納札入れに、賽銭箱《さいせんばこ》には一〇円玉を投げ入れた。ついで読経だが、周りに人がいるとどうも恥ずかしくていけない。しかし、しないわけにもいかない。「読経に際しては、たとえ暗記していても経本を見て行うのが正式」とある。もちろん、見ないと全く分からない。しかもルビがふってあるから読める。

気を取り直して小声で、

「無上甚深微妙法　百千万劫難遭遇……」

と、開経偈《げ》から始める。全く下手だ。

般若心経《はんにゃしんぎょう》を唱える。これまたイントネーションが分からない。棒読みである。極楽寺のご本尊は阿弥陀如来《あみだにょらい》なので、ご真言「おん　あみりた　ていせい　から　うん」を三回、弘法大師の御宝号「南無大師遍照金剛」も三回唱えた。こちらのほうは簡単だ。

次に大師堂へ行き、ローソクから再び同じ作法で行う。こちらは人がいなかったので、自己流の読経で普通に声を出して唱えた。なにかいっぱしの遍路になった気分だ。

三番金泉寺《こんせんじ》へも二・六キロしかない。あっという間に着いた。ここを過ぎてから早くも足が痛くなってきた。左足裏、親指のつけね付近が特に痛む。慣れない歩きのせいだろうか。四番大日寺《だいにちじ》へは、普通の道を外れて田んぼのあぜ道などを歩く。踏み跡が幅一五〜三〇センチぐらいついている。

足の痛みをこらえて歩いていたとき、気がついた。お年寄りが私に向かって合掌したり、頭を下げていくのである。なかには、門の中から「ごくろうさまです」と声をかけるおばあさんもいる。もちろん、お大師さまと同行《どうぎょう》二人だからであろう。しかし、私のような歩き遍路に対する尊敬の念があるのも感じられる。四国の人たちの信心深さに早くも感心させられる。

道にはカーブミラーの支柱や電柱、側壁などに遍路のルートを示す小さなシールが貼ってある。矢印や遍路の姿を赤色で書いてあるのでとても目立つ。これをたどっていけばいいわけだ。

ところが、途中から遍路シールが分からなくなった。どんどん山の方に向かって行く。足は痛い。道は分からない。人はいない。ようやく農作業をしていた人がいて、手で行き先を指し示してくれた。その先を行くとお寺があった。一安心して山門の前に立つと、なんと四番でなく、五番地蔵寺《じぞうじ》である。

「こんな遠いわけがないと思った」

ショックで立ち尽くすとは、このことだろう。途中、高速道路（徳島自動車道）の下を二回くぐった後、右へ折れなければならないのに真っ直ぐ来てしまったのだ。最初からとんだ失敗だ。たぶん農家の人は四番を終わったものと思って、教えてくれたのだろう。

地蔵寺前の物売りのおじさんに四番への道を聞いて、向かうことにする。歩き遍路をしていると、一歩でもバックしたくないのが心情だ。ひどく、むなしい。

しかし、地図と首っ引きで歩かないとミスをすることが早々に分かったのは、後々のことを考えると幸いだったのかもしれない。地蔵寺からやや上りの道を二キロ歩いて四番大日寺へ行き、同じ道を下って地蔵寺に戻った。

無駄な歩行をしたことで精神的にも疲れたのと、最初は無理をしたくないと思い、携帯電話で近くの民宿を予約して、向かった。

「お杖を洗いましょうか。それとも六番さんへ出掛けられるのやったら、（杖を）突いていかれます？」

宿の奥さんは、そう言った。杖はお大師さまそのもので、大事にしなければならない。休憩するときも自分が腰を下ろしてから杖を置くのではなく、先に杖を休ませるのが決まりという。室内に持ち込む場合は床の間など上座に置くものとなっている。

「まあ、少し休んで元気が出たら行ってこうようかと。一キロぐらいですか」

「一・七キロですよ」

いったん休むと足がより痛くなって廊下を歩くのもつらい。部屋の中は這うか転がるか、である。

実は生まれつき両足の骨が変形していて、長く歩くと痛む。土踏まずの上の骨がくるぶしのように出っ張っていて、この周辺が痛むわけだ。遍路に出る前に、なんとか治療できないものか整形外科で診てもらったが、

「この骨、舟の形をしているので、舟状骨《しゅうじょうこつ》というんですよ。たまに出っ張った人います。長く歩くと圧がたまって痛む。まあ、大事に使ってください」

で、終わってしまった。どうやら根本的な治療法はないらしい。

しかし、足を十分にもんだら少し動けるようになった。そこで、リュックを置いて六番安楽寺《あんらくじ》へ行く気になった。往復三・四キロ。あした再び通るところを行くのは、しゃくな感じだが、まあいい。

杖を突いて行ったら、「右折五〇〇メートル」の標識があった。ふだんは五〇〇メートルなんか大した距離ではないの

絵のように美しい六番安楽寺。このころはまだ歩き遍路の厳しさは何も分かっていなかった。（6月24日）

に、異常に遠く感じられて仕方がない。ようやく着いて、型通りの作法で参拝し一服。ここの庭の池には錦鯉がいて非常に美しい。手をたたくと寄ってきて心が癒される思いだった。

宿に戻って風呂に入る。ほかに客はいない。「そうか、シーズンオフだ。それに、きょう一番から回った人はもっと先に行っているのだろうな」と思ったらわびしくなってきた。

きのう同様、一人で食事をしていると民宿のおやじさんが、こう言った。

「歩いて全部回るんか。車使ってでも、八十八カ所全部回れば満願や。あしたは十一番まで行かんとならんよ。十二番は遠いから」

外国人が行く　七番札所「十楽寺」・八番札所「熊谷寺」・九番札所「法輪寺」

六月二五日（金）。

足の痛みのせいか、なかなか眠れなかった。目が覚めると雨である。窓から見える路面が濡れている。気分は重い。しかし、遍路に出る前に考えたことは、

「これは修行だ。快適とか便利とは正反対の旅である」

暑さもそうだ。みんなが敬遠する時期だからこそ修行になる。雨もまたよし。気持ちを切り替

えることにした。

朝ご飯を食べに行くと、五円玉とマッチが置いてあった。奥さんが、「人の火を借りたらいかんよ」と言う。

その人の業をかぶってしまうからというようなことを読んだことがある。五円玉はもちろん、ご縁があるようにである。

雨の中、自分は濡れてもいいが、経本や納経帳の入った頭陀袋と携帯電話や財布の入ったウエストバッグは絶対に濡らしたくない。ビニールの雨具で包むようにして歩き始めた。菅笠にはビニールのレインカバーがついていたので被せておいた。

参拝することを「打つ」という。昔は木などで作られたお札を本堂などに打ちつけたことからきているという。そこで、一番から順番に回ることを「順打ち」、八十八番から回るのを「逆打ち」。さらに、一度に全部回るのを「通し打ち」、休みを利用して少しずつ回るのを「区切り打ち」と呼ぶ。その区切り打ちでも、県別に回るのを「一国打ち」というそうだ。

きのう打った六番の前を拝んで通過し、七番十楽寺《じゅうらくじ》に行くとき、また道を間違え、通り過ぎてしまった。同じように歩いているお遍路さんに聞いたら「自分も間違えた」と。お互いに「ご苦労さま」と声かけ合ったが、違う道を行くなんて、本当にご苦労さんだなあと思う。

八番熊谷寺《くまたにじ》で外国人の遍路を見かけた。私も遍路の正装に近いが、向こうのほうがきちんとしている。白衣に菅笠はもちろん、白の地下足袋を履いている。左手には常に数珠。その長身の外国人は、境内の休憩所でガイドブックを見ながら休んでいた。私が会釈すると彼も笑顔を返してきた。

話をしようかと思ったら、ワゴン車で参拝に来ていたグループが去った途端、彼はすぐに本堂へお参りに行った。ローソクを立て、線香に火をつけて、小さいが低い声で般若心経を唱えているのが分かる。終わったら、すぐに次へと向かって歩いていった。

私も追いかけるように読経した。山門を出て、そこにいたおばあちゃんに九番法輪寺《ほうりんじ》への道を聞いた。人がいれば必ず道を聞く。これがミスを防ぐ最大の方法と悟ったからだ。おばあちゃんは丁寧に「あそこを歩いている人の道からでも行けるが、少し遠回りなる」と言って、近道を教えてくれた。

八番熊谷寺。日本の宗教を研究しているというアメリカ人の遍路と出会った。（6月25日）

あそこを歩いている人とは外国人のことである。稲が少し黄色くなった田んぼの中を歩く彼の姿は、まるで一枚の絵のようだった。

近道のはずだったが、九番法輪寺へは外国人の方が先に着いた。足の長さの違いであろうか。先ほどと同じようにベンチに座ってガイドブックを見ている。

「ご苦労さまです。どちらから？」と話しかけたら、アメリカ人だという。ビル・ダンバーさん(三一歳)。以前、日本に四年間住んでいたことがあり、いまはロスアンゼルス在住。一年間の予定でまた日本に来たという。

「どうしてお遍路をしているのですか」と単刀直入に聞いた。

「日本の宗教を勉強しています。だから四国八十八カ所を回ってます」

道理で、お堂の中をのぞき込んだり、あちこちよく見ているわけだ。きのうは六番安楽寺の宿坊に泊まったという。

私は、四番へ行く道を間違えて五番に出たという話をしたら、

「あそこは分かりにくいですよね。宿坊に泊まっていた人も、そう言ってました」

もっと話したかったが、先を急ぐ人を引き止めているわけにはいかない。そこで別れ、私もお参りすることにした。

足は限界に近づきつつある。十番切幡寺《きりはたじ》へ向かっているとき、雨が少し強くなった。まだ午後一時四〇分だが、近くの民宿に入る。とたんに土砂降りとなった。風呂も沸いていない時間である。雨と汗でびしょ濡れの体のまま、タオルを敷いて横になった。疲れがどっと出る。いつの間にか、うとうとしてしまった。

この宿も客は私一人のようだ。ようやく風呂と洗濯を終え、ベニヤ張りの四畳半でまた寝転がった。テーブルの上に「宿帳」と書かれたノートが置いてある。何でも自由に書いて遍路の交流に役立てようという趣旨らしい。

広島、東京、福岡、千葉、岡山、山口、愛知、京都、愛媛などの住所がある。年齢は六〇歳とか六一歳が多い。定年を迎えて遍路に出たという人のようだ。五〇代も結構いる。若いのは一九歳。高齢者では七三歳というのがあった。

遍路休憩所　十番札所「切幡寺」・十一番札所「藤井寺」

六月二六日（土）。

疲れからか、ぐっすり眠ったようだ。テレビの天気予報は雨だが、空は明るい。青空も一部のぞいている。泊まった宿は切幡寺の約七〇〇メートル手前である。リュックを置かせてもらって出かけた。すぐに着くと思ったらコンクリート舗装の坂道をぜいぜいと息を吐きながら上ることになる。さらに「三百三十三段」と表示がある石段が現れた。「ウエーッ」と心の中で叫ぶ。しかし、上るしかない。何度か立ち止まって休み、あまり上を見ないで上がることにした。少し霧がかかって、だんだん荘厳な雰囲気になってくる。

お寺に着いて息を整え、本堂と大師堂をお参りした。ほかには車で来たお遍路さんが一人だけだった。一服しようと思ったら、突然、雨が降ってきた。雨具は宿に置いてきたリュックの中だ。仕方なく石段を駆け下りた。

宿で声をかけたが返事がない。黙ってリュックを取り、出発することにする。ここからの道は「十一番藤井寺《ふじいでら》」と書かれたシールがあちこちに貼ってあり、迷うことはない。

初めて商店街を歩く。幸い、足はあまり痛まず、ずんずん進む。神社が見えた。自販機でジュースでも買ってあの神社の軒下で休もうかと立ち止まったら、「遍路道右折」の看板が目に入った。危うく見落とすところだった。

「もう少し休まず歩こう」と、そう考えたのが間違いだった。

すぐに商店街を抜けてしまい、自販機もない。周りは田んぼ。舗装された道が延々と続くだけで腰を下ろすところさえない。さらに雨がひどくなってきた。道の両側には水たまりができ、時折通る車が激しく水をはねる。立ち止まってやり過ごしたりするが、だんだん情けなくなった。歩いている人は誰もいない。孤独。疲れ。揚げ句に右足のくるぶしの奥が痛み始めた。

道の脇に、田んぼへ水を引き入れるための施設なのか、コンクリート製の小さな囲いがあった。その縁に、ようやく座った。雨具は菅笠のみ。雨は容赦なくふとももに降りかかった。

雨で増水した吉野川の橋を渡る。欄干がなくて怖い思いをした。（6月26日）

ここへ来る途中、街頭にプラスチックの箱があり、中に近辺の遍路道を書いた地図があった。それをもらってきたのを思い出して広げてみる。すると、もう少し歩けば遍路休憩所があることが分かった。

我慢して歩き始めると大きな川に出た。吉野川である。雨で水量が多く、流れも速い。橋は一車線。ところどころにすれ違いのための待避所がある。それはともかく、橋の高さが異常に低いのである。まるで川の水面すれすれに橋がかかっているような感じだ。実際には一・五メートルぐらい下を水が流れているが、欄干といえるものがないから怖い。高さ三〇センチぐらいのコンクリート製のガードがあるだけだ。若葉のような薄緑色をした川水を見ていると、「もし落ちたら、流れに任せながら泳いで岸に近づくしかない」と本気で考えた。

休憩所は対岸の堤防近くにあった。木造で三畳ぐらいの広さ。中にベッド代わりの一畳ほどの木の台がある。窓からは吉野川がよく見える。近くに自販機があり、お茶を買ってきた。雨が降りしきる。誰も来ない。木の台に腰を下ろし、じっくりと休むことにした。とにかく救われた思いだ。

きょうは十一番藤井寺まで行って終わりだ。携帯電話で近くの鴨島《かもじま》町のビジネスホテルを予約し、ようやく休憩所を出ることにした。「藤井寺」と書かれた道案内に従って行くと、お寺の六〇〇メートルほど手前から上り坂となった。民家をかすめ、「車は左、歩きは右」の矢印に従って歩きのほうを行く。あと一〇〇メートルの標識で舗装が途切れ、今度は砂利道の急な下りとなった。上って下りるくらいなら……と腹立たしいが、これも修行である。

民家の軒先を過ぎたところに山門があった。相変わらず雨は激しい。駐車場にはバスが止まっている。すれ違った中年の女性二人が「足腰が丈夫でないとね……」と話しているのが聞こえた。ずぶ濡れで歩いてきた私を見てのことだろう。

境内には団体さんがいた。大半が年配の人だが、三〇代くらいの女性も混じっている。男性の先達がお遍路さんたちを案内している間に、女性のガイドが全員の納経帳を納経所に持ち込んでいる。先達が小さな木魚を叩いて拍子を取り、それに合わせて全員で般若心経を唱える。声がそろっていて、私の読経よりはるかにうまい。団体さんがいなくなってから小さな声で読経した。先ほどの唱和に気後れしてしまったからだ。

納経所に行くと、数人の人たちが列をつくっていた。そこへおばあちゃんが、

「順番ついておられるんですよね、順番ですよね」

と言いながら割り込んできた。誰も何も言わなかった。そしたら、さっさと納経帳、判衣、掛け軸の三点セットを出した。

私のほうは時間がたっぷりある。気にもしなかったが、納経が終わったおばあちゃんは立って並んでいた私に「すみませんね」と言った。

駐車場のトイレの前にあったベンチで少し休んでからホテルに向かった。きょうの歩いた距離は最低である。一〇キロあまりだろうか。まだ昼を過ぎたばかりである。

「お遍路さんだったんですか……」

ホテルの女性は私を見るなり驚いたような声を出した。そして、チェックインは三時というのに快く入れてくれた。

「前金で払っておきましょうか」と言う私に、

「明日でいいです。洗濯されたいのでしたらホテル内にコインランドリーがありますから」

と、要領よく答えてくれた。

部屋のお風呂に入ってから、一階の自販機で焼きおにぎりとカップ麺《めん》を買った。食べたかったというより、そうしたものに触れたかった。荷物を少しでも軽くしたいため、余分な衣類などはホテルから宅配便で自宅に送った。

雨もあって何かひどくつらい一日だった。このペースではいつになったら全部回り終えることができるのか。そんな不安もよぎった。

お大師さまの歩いた道　十二番札所「焼山寺」

六月二七日（日）。

朝起きると、やはり右足首の関節が痛む。体重をかけるとググッとくる。こんな足で山に登れるのだろうか。いや、行けるところまで行って、ダメなら引き返すか……。そんな思いで、きのう打った藤井寺まで行った。

十二番焼山寺《しょうさんじ》へは、藤井寺の本堂のすぐ横から山に入る。駐車場には、「空海の歩いた道が今に残る唯一の遍路道」という意味のことが書いてある。

いきなり、人の歩く幅しかない急勾配の山道である。あっという間に汗だくになった。そして大変な失敗に気がついた。コンビニで食料とお茶を買ってから山に入るつもりが、忘れてしまったのである。

行けども行けども、きつい上りは続く。昨日と一昨日の雨で道は濡れている。山にはガスが立

十一番藤井寺。本堂の左手を行くと、今なお残る弘法大師が歩いた遍路道。(6月27日)

ちこめ、誰一人出会わない。見晴らしのいいところに休憩所があって一服したが、眼下の街並みはかすんでいる。

しかし本当に厳しいのは、休憩所から先だった。まだ標高二二五メートルにすぎない。うっそうとした杉林で、薄暗い山道が続いた。ところどころに長さが二五センチくらいのミミズがいる。黒っぽくて、虹色に光る部分もある。こんな大きなミミズは初めて見た。

さらに、蚊《か》やアブが襲ってきた。追い払っても、しつこく体の周りを旋回する。「痛っ」と思うと刺されている。歩くのも大変だが、この虫たちにもまいった。一キロ歩いても、ずっと付きまとっているのだから始末に終えない。あまりの山道の厳しさに思わず「南無大師遍照金剛」と何度も唱えてみる。誰も来ないから般若心経も声に出して唱える。一人で山の中を行く怖さから逃れたいという思いもあったのだろう。

しばらく行くと、「長戸庵《ちょうどあん》まで一〇〇〇メートル」という看板があった。平地の感覚ではすぐにも行けるが、ここはきつい山道だ。足を下ろす場所を一歩ずつ見ながら上る。大量の汗をかいて、のどが渇いて仕方がないが飲み物は何も持っていない。間もなく、「柳水庵《りゅうすいあん》（四キロ）まで飲み水はありません」という看板とともに足元に柄杓《ひしゃく》が四つあった。

「助かった……」

どこに水があるのかと思ったら、柄杓の下に四〇センチ四方ぐらいのコンクリートで囲った中に溜まっている。クモの巣も張っている。こんな水か。仕方がない。ごみを捨て三口だけ飲んだ。発汗量からするとごくわずかだ。だが、これ以上飲む気になれない。

長戸庵まで来た。標高四四〇メートル。一服しようとしたら、石垣の上を黒いヘビが音もなく逃げていくところを見た。

何が怖いと言ってもヘビが一番怖い。遍路に出て初めて遭遇した。もちろん、まむしでないことはすぐ分かった。しかし毒があろうがなかろうが、イヤなものはイヤだ。長戸庵で休むのをやめて、すぐに立ち去ったのは言うまでもない。

柳水庵まであと一キロというところで、未舗装だが車が通れる道に出た。森を抜けたことで急に周りが明るくなり、日が差し込んだ。うれしくなり元気を出して歩いた。

「おーい、おーい」

人の声だ。こんな山の中に人がいたのか……。近づいていくと、土木作業に来た人らしい。仲間を呼んでいる声だった。

「ご苦労さまです」と声をかけられた。こちらも「ご苦労さまです」と答える。

「朝早く出てこられたのですか？」

「藤井寺さんを七時半ごろに出発しました」

「そうですか、速いですね……」

「いや、速くないですよ、足が悪いもので」

「それにしても休憩なしで来られたんですか」

「休みばかり取ってます、あはは……」

こんな会話を交わしたら急に元気が出た。お世辞とは分かっていてもうれしいものだ。それからは下りが多かったから、大またでどんどん歩いた。

急坂を下りると古びた建物が見えた。その脇の竹筒から湧き水が出ている。これならきれいだ。伏せてある柄杓を手にしたら、中にかたつむりがくっついている。仕方なく手ですくって何度も何度も飲んだ。意外にも冷たくはなかった。

一〇メートルほど下りると庵があり、これが柳水庵だと分かった。道の反対側には水道もあり、蛇口をひねってまた水を飲んだ。汗だらけのタオルも洗って顔や頭、腕などを拭いた。あとから考えると上水道のわけがない。しかし、そのときは何も考えなかった。

　柳水庵には「この下に新しい休憩所ができました」と書いてある。どこなのかよく分からないが、すぐ近くに公衆便所があり、向かいに廃墟のような木造の建物がある。そこにいったん腰を下ろしたが、どうも変だ。思い切ってリュックをかつぎ、コンクリートの急な坂道を下りると、真新しい立派な休憩所があった。

　アルミサッシの戸を開けて入ると、杉の香りが気持ちいい。七畳ぐらいの広さだろうか。天井にはステンレス製の物干し竿が渡してあり、洗濯物を乾かせるようになっている。雑記帳があって「ここで泊まらせてもらいました、ありがとうございます」「こうした施設を造ってくれた人たちに感謝します」「四国大好き」などと書き込みがしてある。まさに同感である。

　水道でもう一度タオルを洗ってから、元気を出して歩き始めた。また山道。ウグイスの鳴き声が絶え間ない。お大師さまの歩いた道か――と感慨深い。突如、上空に飛行機の爆音が聞こえた。ちょっと興ざめである。

　一二時四〇分、一本杉庵に着いた。名前の通り大きな杉の木がある。看板には「幹周り七・六二メートル、樹冠東西一六・一メートル、南北一四・八メートル」と書いてあった。のどは渇いているが水はない。大きな丸太を半分に割ったベンチがあり、そこに寝転がった。杉の木の枝の間から薄曇りのまぶしい空が広がっている。

「あー、会社辞めちゃったんだなあ」

遍路に出て初めて、こんなことが頭をよぎった。全く後悔はしていない。ただ、よりどころのない空虚な感じで、心にぽっかりと穴が開いたようになっていた。

ここは厳しい山の中である。すぐ現実に立ち戻った。あと焼山寺まで二時間か、三時間か。宿も決めていない。いや、携帯電話がずっと圏外になっているから予約のしようもない。距離にすれば藤井寺から一二キロ。たいしたことはない。だが一〇歩行っては立ち止まり、呼吸を整えてまた上がる。タオルを絞ると汗がジャージャーと流れ落ちる。どれだけ上って下って……を繰り返したのだろう。

道の両側の木の枝には、たくさんのプラスチックプレートがかかっている。「南無大師遍照金剛」とか「お大師様と二人連れ」「頑張って」「もう一息」「最後まで頑張りましょう」などの文字が書かれてある。同じ表示は、四国中、山中の遍路道に掛けられていることを後から知る。「もう一息」につられて先を行くと、かなり進んだのに再び「もう一息」がぶら下がっている。これも何度かあったら信用できなくなった。

まじめな表現の中に一つだけ、くだけたものがあった。「あんちゃん、ほんとにきついぜ」

標高差の累積は一一〇〇メートルだそうだ。後日、いろんなお遍路さんが焼山寺への道の話をした。「最も地獄だった」というわけだ。実際に、ここで歩き遍路を断念する人も多いらしい。

そのときは知らぬが仏。前に進むことしか考えなかった。戻るのはもっとしんどいからだ。

修行僧

焼山寺へあと少しというときに、後ろからお遍路さんが上ってくるのが見えた。工事関係者以外、山で会ったただ一人の人だ。追い抜いてもらおうと、大きな石に座って休憩することにした。

「初めてですか」

私に声をかけてきた人は、墨染めの衣を着ている。ただのお遍路さんではなかった。

「そうです」と答えると、その人はまったく疲れた様子もなく、立ったまま話し始めた。

鹿児島のお寺の僧で修行のためにお四国を回っており、今回で四回目。それも鹿児島から野宿をしながら歩いてきたという。来島海峡大橋を渡って今治《いまばり》から四国に入り、お寺をお参りしながら一番霊山寺に来て、あらためて順番に回り始めた。この日も十番の切幡寺からスタートした、などなど。いやはや口あんぐりである。

遍路スタイルが全く違う。墨染めの衣だけでない。菅笠ではなく丸くて深い網代笠《あじろがさ》、杖は木の枝。ジャージーのズボンに足元はスニーカーだ。野宿できるように荷物は多いからリュックが大きい。しかし、コンパクトにまとまっており、まさに「プロ」である。頭は青くきれいに剃《そ》られている。これは銭湯に入って剃るのだそうだ。

山道を歩いたため私のズボンの裾《すそ》は泥で汚れているが、お坊さんの足元はきれいである。どんな歩き方をしているのか不思議だ。私と話していても座ろうとしない。

「水筒持っていないのですか」と、一目で見抜かれてしまった。

「先に行ってください」

足の速さの違いに、私はそう言うしかなかった。彼はすたすたと軽快な足取りで坂道を上っていった。

午後三時すぎ、標高七〇〇メートルの焼山寺に着いた。先ほどのお坊さんは境内のベンチにリュックを置き、身なりを整えているところだった。しばらく見ていたら、本堂の正面左に寄って読経を始めた。ほかの参拝客の邪魔をしないようにしているのだろうか。低いがよく通る声で般若心経を上げている。それを何度も何度も繰り返す。美しいメロディーのようだ。あとで聞くと、般若心経は気の済むまで四回でも五回でも唱えるそうだ。さらに、お寺のご本尊が観音様なら観音経、阿弥陀如来なら阿弥陀経を上げる……と。

もちろん、納経帳など持たない。そうしたことに意味を感じないのだろう。

「これが本当の修行のお遍路さんなんだ」

初めて目にした修行僧の姿に何もかも感動させられた。

さて、私は困っていた。山の中というのに、今晩泊まるところも決めていない。携帯電話はずっと圏外だ。とりあえず納経所に行った。お坊さん三人が並んで対応している大きな納経所である。

「歩きですか」

真ん中の中年の男性が聞いた。

「そうです」と答えると、黙って丁寧に筆を運び始めた。まるで芸術作品をつくるかのような筆さばきだ。

「あー、ありがたい」と心の中でつぶやき、

「この近くに宿はありませんか」と尋ねた。

「ここを下っていくと、『なべいわ荘』というのがあります。一時間ぐらいですよ」

そこは地図を見て知っていた。住友産業の保養所である。会社で使っていないときは民宿として一般に開放しているのだろうか。幸い、境内に公衆電話がある。これ以上はとても歩けない。やはり一番近いそこしかない。へんろ道保存協力会の地図編の末尾に載っている宿の電話番号を見ながらダイヤルした。

ところが掛からない。もう一度掛けても同じ。よく見ると、なんと郵便番号を見て掛けていた。あせっていたのだろう。今度は間違いなくゆっくりと確認して掛けた。

「一人なんですが、今晩泊まれませんか」

「はい、泊まれますよ」

どれだけ、ほっとしたことだろう。

急な遍路道を下ることになる。行き先は四キロほど先。確かに一時間の距離である。しかし、焼山寺への山道を上って疲れきった足には、かなりつらい。遍路道から車道に出て、「なべいわ荘」まで半分の距離に来たとき、杖杉庵《じょうさんあん》という庵があった。ここで休んでいると、修業僧が追いついてきた。ずっとお経を上げていたのである。

初めて名前を聞いた。鹿児島県枕崎市の大国寺禅教師、平野眞照さん（四三歳）。しばらく一緒に歩いた。また遍路道が現れ、遅れ気味の私は、軽快に歩く彼の後ろ姿を追った。速い、実に速い。下りの急坂のため、「ズーッ」と私の足が何度か滑った。そのたびに「大丈夫？」という感じで振り返ってくれる。が、幸い一度も転ばなかった。バランス感覚だけは健在なようだ。お坊さんのおかげで、実に速く進むことができた。「なべいわ荘」の近くまで来て分かれ道となり、お礼を述べた。

「ゆっくりでいいから、結願《けちがん》してください」

お坊さんはそう言って励ましてくれた。山の早い夕暮れが迫っていた。

「なべいわ荘」は木の香りがするいい建物だった。大きなお風呂は木製で、ジェットバスになっている。着いたときは泥にまみれたズボンと絞れるくらい汗にまみれた白衣が恥ずかしかったが、そんなことはもう忘れた。お風呂に入り、洗濯機で洗濯し、完全に生き返った。この日の宿には歩き遍路がほかに二人。夜、廊下のソファで話し込むが、このうちの一人とは、そのあと何度も会うことになる。

八一歳に拾われ

十三番札所「大日寺」・十四番札所「常楽寺」・十五番札所「国分寺」・十六番札所「観音寺」・十七番札所「井戸寺」

六月二八日（月）。

朝から雨だった。ビニール製の雨具は汗で蒸れる。そこで例によって頭陀袋とウエストバッグだけ雨具で覆い、体は濡れていくことにした。車道をずっと歩く。足は相変わらず痛いが、歩き始めるとそれほどでもない。少しはマヒするのだろうか。なにはともあれ、遍路最大の難所といわれる十一番から十二番への道は越えた。それだけで気分は楽だった。雨も間もなく上がった。

「おはようございます」

後ろから元気な声がして、黒のズボンに白いカッターシャツの中学生が自転車で追い越していった。こちらも「おはようございます」と返答した、その直後だ。右への下りカーブで対向車が来た途端、自転車が転倒した。道の端は落ち葉が雨に濡れていて滑りやすくなっている。スピードが出ていたため、ブレーキをかけようとしてスリップしたのだろう。

あわてて駆け寄った。ズボンの右ひざが破れ、血がにじんでいる。

「大丈夫？」

「うん」

だが、けがはひどそうだ。車からも、おじさん二人が降りてきた。

「大丈夫か」

「大丈夫です。学校行かないと」

しかし、おじさんたちは傷の具合を見て、

「これはだめだ、病院だ」

中学生の自宅の電話番号を聞いて、携帯電話を掛け始めた。中学生はガードレール下に生えていた草を一枚取って傷口に当てている。車の運転手には何の落ち度もなかったのだが、乗せて連れて行くという。山の中でほかに手段はないとはいえ、親切な人たちである。

中学生は痛みで顔をしかめている。遍路の私に元気よくあいさつしてくれるいい子なのに、落とし穴はどこにでもあると思う。自分も長い道中、気をつけなければと気を引き締めた。

しばらく行くと川に出た。透明な水が流れていて、アユが泳いでいるのがよく分かる。鮎喰川と橋に書いてある。それを越えると町並みが現れた。自販機もある。ジュースを買って飲み、また歩く。分かれ道のところに出て地図を広げていたときだった。軽四が止まった。助手席側の窓が開いて、おばあさんが「後ろに乗れ」と手招きしている。

「すみません。結構です。歩いて行きますから……。ありがとうございました」

「いいんだよ、私は十三番過ぎたところまで行くから。何度もお遍路さんを乗せているんだから」

歩くことが目的で遍路をしている。しかし、足は痛い。これから先のことを考えると憂鬱《ゆううつ》だ。もたもたしていると、早く乗れと手で指し示す。

「はい、すみません、じゃあ、お願いします」

思わず、そう言ってしまった。

おばあさんは来月、八一歳になるという。運転は反応がやや遅いものの、時速五〇～六〇キロで飛ばす。とてもそんな年の人の運転ではない。間もなくおばあさんの人生物語が始まった。戦前は県庁の土木課で働いて、戦後は掃除婦もした。酢をつくる仕事もやった。娘や息子の話も出てくる。いまは年金暮らしで遊んでいるというが、元気この上ない。運転中は話しっぱなしだ。

十三番大日寺《だいにちじ》前で下ろしてもらった。一二キロほど乗ったのだろうか。本来、昼ごろに到着する予定だった大日寺に、朝八時すぎに着いた。車のスピードはすごい。まるで別世界へワープし

十七番井戸寺を目指して商店街を行く修行僧。（6月28日）

たようなものだ。何度も何度もお礼を言って、お札を渡した。

おばあさんは、

「なーに、お遍路さんを乗せると一緒に八十八カ所を回っている気分がするんだよ」

走り去る車に思わず合掌した。

雨が上がって明るい朝の日差しの中に大日寺はあった。昨日の焼山寺と打って代わって、町の中である。二・三キロ先の十四番常楽寺《じょうらくじ》、さらに〇・八キロ先の十五番国分寺《こくぶんじ》まで、あっという間に打ち終えた。

正午ごろには十六番観音寺《かんおんじ》に着く。山門をくぐると本堂の石段に見覚えのある荷物があった。右手にある大師堂で昨日の修行僧がお経を唱えていたのだ。読経が終わるのを待ってあいさつしたら驚いている。無理もない。ここに私がいることが信じられないのだ。

車に乗ったことを話して、歩き遍路なのにまずかったと言い訳した。

「そうだったんですか。そういう時は、歩き遍路だと言って一度は断りなさい。しかし、それでも……と勧められたら、車のお接待ですから相手の好意を無にしてはいけません」

少しは気分が楽になった。

「お坊さんはどうしておられたのですか」と、逆に聞いた。すると昨日は夜一〇時ごろまで歩いて、大日寺の二キロ手前にある公民館の軒先で野宿したという。

「懐中電灯を出すのが面倒だったので、そのまま暗い中を歩いたが、きつかったですね」

言葉の割には、そんな疲れはさらさら見られない。

遍路は日が昇って沈むまでが活動範囲である。しかし、本職のお坊さんは違う。夜も歩く。それにしても、こちらがお風呂に入ってご飯を食べて、ゆっくり寝ていたときも歩いていたのである。それも山の中の真っ暗な遍路道をだ。驚くべき肉体的、精神的なパワーである。

十七番井戸寺《いどじ》の手前で、スーパーに入っているお坊さんを見かけたが、またあとから追いつかれた。

「足が痛くてかないません」と言ったら「大丈夫ですよ。後ろから見てましたが、足を引きずってないし、まだまだ大丈夫。頑張って結願してください」

もちろん、それから二度と会ってはいない。

女性遍路　十八番札所「恩山寺」・十九番札所「立江寺」

六月二九日（火）。

昨夜は徳島市内のビジネスホテルに泊まった。朝は洋食にした。遍路といえども、パンやコーヒー、卵などが食べたかったからだ。

足の状態は悪い。きのうから右足の親指の付け根が痛み始めている。だが、歩くしかない。通勤のサラリーマン、通学の子供たちが行きかう繁華街を白衣に菅笠、金剛杖を突いて歩くのは恥ずかしい。徳島駅のそばに出た。電車に乗ればどれだけ楽か……。そんな誘惑にかられる。

信号待ちをしていると、小学生の女の子四人組が声をそろえて「おはようございます」と大きな声であいさつしてくれた。「おはようございます、元気やねー」と返すと、「はい」と、また声をそろえて返事をする。これで電車に乗りたいなどという気持ちは吹っ飛んだ。

ビルで日陰になる方の歩道を選んでずんずん歩く。郊外に出た。足がさらに痛み始める。テーピングをしたい。喫茶店を探しながら歩くが、なかなか見つからない。このあたりの国道五五号線は中央分離帯のある四車線道路である。道の向こう側に喫茶店を見つけても渡れない。ようやく大きな看板のコンクリートの土台に座ることができた。ちょうど日陰にもなっている。

リュックを降ろして、はさみやテープを取り出す。靴下を脱いでテーピングをし、再び歩き出すがどうもテーピングが失敗したらしい。もっときちんとやり直したい。「喫茶店、喫茶店」と、ほとんど餓鬼道に落ちたように探すようになっていた。遠くに電光表示で「レギュラー」とある。あー、やっと喫茶店があった。

と、思って近づいたらガソリンスタンドだった。当たり前である。レギュラーコーヒーでなくレギュラーガソリンである。感覚がおかしくなっていたのかもしれない。そのガソリンスタンドには「オイル交換」と看板に書いてあった。「こっちの足のオイルも交換してほしいよ」と、心の中で思った。

ようやく見つけた喫茶店で休息を兼ねて足の手入れをし、再び歩き出す。すると国道の標識に「室戸《むろと》」の文字がある。突然、言いようのない感情に襲われた。いまの状態では、とてつもなく遠いところにしか思えない。

川をいくつも越え、小松島市に入った。ＪＲ牟岐《むぎ》線の上を高架で渡る。小松島警察署の裏を通り、間もなく国道と別れて遍路道へ。途中、二度もベンチで休んだ。

十八番恩山寺《おんざんじ》へあと六〇〇メートルの標識を見てからかなり歩いたのに、右折する段になって、また〇・六キロとある。それも急坂である。上り口にバス停があったから、また休憩。足が痛いとどうにもならない。

恩山寺は標高七八メートル。上って参拝した後、宿探しを始めようとしたら、携帯電話がまた圏外だった。ムーバなら通じるのだろうが、持ってきたフォーマはまだサービスエリアが狭い。

下りの道は分かりにくかった。車道を少し行ってから遍路道に入り、竹やぶの急な上り下り、田んぼのあぜ道といった多彩な道を歩く。ここで初めて女性の歩き遍路を見かけた。

宿は決まっていないが、とにかく十九番立江寺《たつえじ》へ向かう。情けないことに時速二・五キロぐらいにスピードが落ちていたかもしれない。足を引きずるように歩いていたら、さっきの女性が後方から近づいてくる。あまり恥ずかしい歩きはできないなあと思いつつも、スピードは出ない。郵便局が見えた。現金が心細くなっていたのでキャッシュコーナーで下ろしている間に、女性に追い抜かれた。

立江寺はそこからすぐだった。到着時に女性の方から「こんにちは」とあいさつされた。「足速いですね」と感心したら、「普通ですよ」と言われてしまった。

「私は速く歩けなくて」と言い訳したら、「人それぞれのペースですからね。速ければいいとも限りませんし」と諭された。「きょうは限界なので、ここで終わり」と告げると、「わたしもですよ」との答えが返ってきた。

ベンチで地図を広げて宿を探していると、なんと、このお寺には宿坊があることが分かった。もう歩かなくていい。境内から電話をかけてみた。

「すみません、一人なんですが、泊まれるでしょうか」

「どこにおられます？」

「すぐそばに来てます」

境内にいるのに、すぐそばもない。

「はい、どうぞ。お待ちしてます」

よかった。まずは宿が確保できた。

遍路中、毎日の宿は、ほとんど昼過ぎに予約電話を入れた。足の具合と相談しながら決めていたからだ。シーズンオフだけに客が少なく断られることはまずなかった。電話口で必ず聞かれたのが、「今、どこにおられますか」である。居場所を答えると、「あー、それなら○○時には着きますね」と答えが返ってきた。歩き遍路であることが分かるのだろう。ビジネスホテルでは到着予定時間を聞かれる。こちらは少し水増しして遅めの時間を告げておいた。足に自信がないからである。

さて、宿が決まって気持ちにゆとりができ、ベンチに堂々と寝ている猫などを見ていたら、おばあさんがやってきた。ビニール紐で編んだ小さなマスコットわらじと栄養ドリンクをお接待するという。わらじには五円玉が結び付けてある。わらじはもちろん、道中の無事と健脚を祈るものである。おばあさんは身の上話をしたあと、「こうしてお接待してると、わたしも四国遍路をしている気分になるから……」

みんな同じことを言うものだと思う。

そこへ九一歳という近所のおばあちゃんが現れたり、髭のお遍路さんから、お菓子のお接待を受けたりと、なんだか人の出入りが激しい。とりあえず参拝し、すぐに宿坊に入った。

「先ほど電話した津田ですが……」と声をかけると、受付の男性から住所、氏名を書く紙を渡され、前金で宿泊料を払った。すると、

「きょうは、お坊さんの都合で、夕食前のお勤めはありません」

「明日の朝は？」

「朝は宿坊の方と一緒のお勤めはしていないので、六時からの朝食が終わったら、いつでもご出発ください」

こうした説明を受けたあと四畳半の部屋に案内されたが、ここはお寺だからきちんとしておこうと、「お杖はどこにおけばいいですか」と聞いた。

「あー、ここはお床がないですよね、まあ適当に」

そこで、既に敷いてあった布団の枕元に立てかけた。荷物を下ろしてから、風呂場と洗濯機のある場所を教えてもらっていたら、さっきの女性が洗濯している。彼女も宿坊に泊まるとは思っていなかったから、びっくりした。

十九番立江寺の境内にいた猫。死んだように動かないので誰もが驚くが、ちゃんと生きてる。（6月29日）

洗濯機は全自動でないので、洗濯した後、すすぎなど手間がかかる。排水したり、また水を入れたり。最後に脱水機にかけて部屋に持ち帰った。冷房が入っているので朝までには乾くだろう。洗剤含め、洗濯機はただで使わせてもらった。

お風呂に行ったらジェットバスである。宿坊に対して抱いていたイメージがすっかり変わった。私一人しか入っていないため、足に水流を当てて痛むところを治すことに努めた。「いいお寺やなあ」とつぶやいて湯船に浸かっていたら、修行僧が言っていた言葉を思い出した。

「宿坊に泊まるなら十九番がいいですよ」

そうか、ここは十九番である。

夕食は、その女性と二人。ご飯をよそってあげたのをきっかけに、いろいろ話してくれた。香川県坂出《さかいで》の人で、会社の休みが取れたので急に遍路に行くことにして家族のひんしゅくを買ったとか、前回は井戸寺まで回ったので、きょうは、そこから歩き始めたがベテランの遍路に話しかけられ、三〇分もロスをしたと言う。歩きの女性は少ないから注目され、話しかけられることも多いのだろう。休みを利用して、こうした「区切り打ち」をする人とは、そのあと何人にも会う。「通し打ち」は定年退職組など時間に余裕のある限られた人しかできないのは当然だ。

夕食の最中に、車で回っている中年男性の四人グループが入ってきた。きょうの客はこれだけなのだろう。本当にシーズンオフである。宿坊といえども、刺し身が出た。酢の物、煮物、おつゆ代わりのソーメン、デザートにはバナナや餡餅《あんもち》が添えられてあった。普通の宿と同じである。四人グループはビールや酒を注文し、こちらに向かって「すみませんね」と言いながら飲み始めた。

夕食後、またジェットバスに浸かりに行った。なんとしても足を回復させないといけない。あしたはまた山登りだ。

原付じいさん　二十番札所「鶴林寺」・二十一番札所「太龍寺」

六月三〇日（水）。

朝食は午前六時からで、六時半には出発した。まずは県道二八号線を延々と歩く。狭い一車線のため道の端っこを歩いていると、きのうの女性に追い越された。私に「速いですね。なかなか追いつけませんでした」と声をかけていく。いやいや、追い抜かれたあとはどんどん離される。彼女は菅笠ではなく後ろに日除けのカバーがついた帽子と、手袋をしている。歩き慣れた格好だ。

その女性が道端で誰かと話をしているのが目に入った。追いつくと「お接待してくれるそうですよ」と、私を呼び止めた。彼女が話していたおばちゃんは、私にも手作りのカバーがついたポケットティッシュを渡してくれた。もう何千個もお遍路さんに渡しているらしい。すごい人がいるものだ。

さらに行くと、今度はバス停のところで、彼女が自転車のおばあさんと話している。自転車の荷台には大きなプラスチックの箱。夫婦で遍路をしているが、おじいさんとはぐれてしまったらしい。きのうは川原でテントを張って野宿したという。道を聞かれたが、私も女性もよく分からない。「地元の人に聞くしかないですね」と女性が言ったが、その通りだ。一番間違いがない。

出発してから六・三キロ。県道二二一号線を経由して県道一六号線に入ったところにコンビニがあった。これから山へ入るのに焼山寺へ行くときの二の舞はごめんだと、一リットルのお茶を買い込んだ。トンカツおにぎり、めんたいこおにぎりもだ。リュックは重くなったが仕方ない。

道は単調だ。ただ、歩いていても元気が出ない。急に口をついて出たのは「松の木ばかりがまつじゃない」と古い歌だ。なぜ、その歌だったかは分からない。自転車の高校生に抜かれた。歌っ

バスでやってくる団体遍路。二十番鶴林寺。（6月30日）

ているのを聞かれたかもしれないと思うと恥ずかしかった。

立江寺から一〇キロあまり。遍路道を上り始める地点で民宿や商店があり、向かいにベンチが置いてあった。ここで大休憩だ。靴を脱いであぐらをかいた。靴の中はまるでドライヤーの風でも当てたかのように熱くなっている。四〇分も足をもんでからスタートした。

いきなり急坂である。コンクリートの簡易舗装に横溝が切ってあり、スリップ防止が図られている。一番苦手な山道だ。体を前かがみにしないと歩けない。早くも汗だく。足も痛んでくる。しばらくすると舗装が途切れ、偽木で階段のへりをつくってある木道となる。これも急坂。足が上がらない。行っても行っても到着しない。つらい、ひどくつらい。

ただ、焼山寺への道と違うのは、近くを車道が通っているため、時折エンジン音が聞こえることだ。山道から出て車道を横切ることもある。たまたま、団体遍路のバスが通りかかり、乗客のおばさんたちが私を指差しているのが見えた。まるで「こんな山からお遍路さんが出てきたよ」とでも言ってるかのような顔だった。

二十番鶴林寺《かくりんじ》に着いたのは、予想通り正午だった。標高五〇〇メートル。ここまで上がってきたわけだ。大休憩から二時間二〇分かかっている。距離にすればわずか二・九キロなのに……である。

きのう地図を見ていて鶴林寺には宿坊があると知っていた。参拝後、納経所で、聞いた。

「ここは泊まれますか」

「すみません、いま休んでいるんですよ」

予想もしない答えだった。

「うーん、困ったなあ」

私の疲れきった顔をのぞき込むようにして、

「戻られますか、そういう人もおられますよ」とアドバイスしてくれる。

「太龍寺《たいりゅうじ》さんまで、どれくらいかかります？　その先に民宿ありましたよね」

「今からだと民宿に六時くらいには入れるかなあ」

もちろん、標準的な人のことであろう。この足では六時には着かない。しかし、行くしかない。覚悟は決めた。

いったん山を下りて、また標高五二〇メートルの二十一番太龍寺へ向かって山を上るのだ。遍路の行程中、ここも難所の一つである。まずは下りだから軽快だ。しかし、すごい急坂である。木道で整備してあるだけに階段を下りるようなもので、一歩ずつ足に衝撃が来る。どれだけ歩いても道は続く。

途中、小さな神社に水道があった。水をがぶがぶ飲んだ。ハチがびっくりして飛び回っているが、気にもならない。タオルも洗った。近くに休憩所があり、地図を見ると一気に四五〇メートルも下りてきていることになる。

小学校跡を過ぎると、いったん車道に出た。那賀川を渡って遍路道を行けばまた上り口があって太龍寺へ行ける。その車道に出た途端、立派な休憩所があった。休んだばかりだが、リュックを下ろして靴下を脱ぎ、足の手入れをしたい。ベンチに座ったそのときだ。

原付バイクを押してきた、おじいさんが立ち止まり、私の方を見て声をかけた。

「太龍寺のロープウエーに行くのだろ、乗って行きなよ」

太龍寺にロープウエーがあることは昨日、地図を見て知っていた。しかし、鶴林寺から見ると太龍寺のある山の裏側である。それ以上の詳しいことも知らなかった。

「ありがとうございます。でも歩きですから」

「かまわん、かまわん。歩いたら遠いぞ。近くまで行くから気にせんでいい」

一回断ったものの、心の中ではこのピンチにお大師さまの助けのようなもの、と考えている情けない自分がいる。車道に出た途端に、おじいさんと鉢合わせ。何かの縁か……と都合のいいことを考える。

しかし、おじいさんのバイクは五〇ｃｃの原付である。つまり一人乗りだ。後ろは荷台になっている。こちらはヘルメットもない。これも交通違反である。こんな山の中ではおまわりさんもいないだろうが、違反は違反だ。なのに、「すみません」と答えて乗っている自分がいた。荷台にまたがったが足を置くステップがないから、ぶらぶらしている。私が後ろに乗ったから、キックペダルがなかなか出しにくい。おじいさんは苦労しながら、ようやく出して軽くキックすると一発で「カタカタカタ」とエンジンはかかった。

頭に被っているのは、おじいさんが作業帽、こちらは菅笠。左手で荷台のバーをつかみ、右手には金剛杖。するすると走り出した。こちらも、もともとバイク乗りである。同乗者が上体を動かすと運転に影響が出るのはよく分かっている。できるだけ動かさないようにするが、足が浮いているので難しい。さらに、足がとても疲れることに気がついた。

「おとうさん、おいくつですか」

乗っているだけでは悪いので話しかける。

「そやな七〇は越えたな。いくつに見える？」

「七三ぐらいですか」

「そう、七三だよ」

「四国って、どこも川がきれいなんでびっくりしてます」

「昔はもっときれいやった。子供のころは川に入って水が飲めたもんや。ダムが出来てから汚くなっての」

「でも、この前の台風六号みたいのが来ると、ダムがないと都合が悪いでしょう」

「いいや、前より悪くなった」

分かれ道のところで、おじいさんはバイクを止めた。走ったのは五キロほどだろうか。超スロースピードだった。お札を渡して何度も礼を言い、

「元気で長生きされますよう、南無大師遍照金剛」と唱えた。

さて、地図を見ながら歩き始めて間もなく、ロープウエーの駅まであと三キロの看板があった。あと三キロなら軽い、軽いと思ったが、なかなか着かない。どうしたのだろう。足の痛いのを我慢して休まず歩くが、どんどん遠ざかっているのではと思うほど着かない。おまけに雨まで降ってきた。

「歩きを放棄した罰か」「いや、交通違反をした罰かなあ」と、さっきとは反対のことを考えている。

もう足が動かない、と思った瞬間、左手の山からスーッと下りてくるロープウエーが見えた。

あった、あそこまでだ。

駅舎に入った。売店などのいろんな施設があり、きれいで広い。ロープウエーは今行ったばかりで、次は二〇分後だという。いすに座って考えたのは、ロープウエーの中は立ち席なのだろうかということだった。それほど足が疲弊していた。

時間が来て乗り込んだとき、客は私のほか、おばちゃんの二人連れだけ。女性のガイドさんが説明してくれる。二七七五メートル、西日本で最長のロープウエーだそうだ。スイス製のゴンドラは大きく、窓際はベンチ状のシートになっていた。おばちゃんたちは私を見て「ずっと歩いておられるのですか」と聞いてきた。

私は、こうして乗り物に乗っていることに引け目を感じながら、バイクに拾われた一件を説明した。そしたらひどく驚いている。さらに「今晩はどこに泊まるの」と聞かれ、「まだ、決まってません」というと、さらに驚いたようだった。

しかし、本当に驚かされたのはこっちのほうだ。おばちゃんたちはガイドさんに、このロープウエーの帰りのダイヤを聞いている。早く帰りたいらしい。

ガイドさんは、

「今乗っておられるのが二時二〇分発で一〇分で着きます。下りは四〇分発になります。しかし、向こうで一〇分しかありませんから無理ですね。本堂も石段を登らなくてはなりませんし、納経所も離れていますから。その次の四時ちょうど発になりますね」

しかし、おばちゃんたちは離れ業をやってのけた。ロープウエーから降りるやいなや、一〇〇段以上ある本堂への石段には目もくれず、納経所へダッシュ。戻ってきて石段の下にある「二十一番札所太龍寺」と書かれた石柱のところで互いに写真を撮りあい、四〇分発に乗り込んで行ったのである。休憩しながら一部始終を見ていた私にニコニコ顔で会釈して、だ。

そのたくましさに唖然《あぜん》とした。もちろん、私に彼女たちのことをどうこういう資格も能力もない。ただただ、恐れ入ったのである。

こちらは、まず民宿に予約を入れ、本堂、大師堂とお参りし、山を降り始めたのは四時二〇分を回っていた。これがなかなかきつい。急坂でスムーズに降りられないのだ。ようやく車道に出たが、ここも時速五キロ制限となっている。それほどの急坂である。宿まで約四キロ。ほとほと疲れた。

宿に入ったら、立江寺で一緒だった女性がいて「大変だったでしょう」と声をかけてくれた。

原付じいさんに拾われたことは、ついに言い出せなかった。

お接待　二十二番札所「平等寺」

七月一日（木）。

山の朝。五時前に目が覚め、部屋の窓から次第に明るさを増す美しい山々を眺めていた。きのうは疲れ切って気がつかなかったが、民宿のそばの斜面にはアジサイが上から下までびっしりと咲いて花の崖をつくっていた。

六時に朝食を食べて、出発したのが六時四〇分。山道を下り始めた途端に県道に出た。なーんだ。山の中とばかり思っていたが、宿のすぐそばがこうしたところだったのか、と不思議な感じである。

間もなく、宿で一緒だった若いお遍路さんと一緒になった。実は昨夜から気になっていた。どうも焼山寺近くの「なべいわ荘」で一緒だった千葉・館山の鈴木さんではないかと。そしたら本当にそうだった。お互い「あれっ」と言って再会を喜んだ。

もっとも、歩くスピードが違うので、すぐに別れた。遍路は二人連れのほうが、話もでき、歩くつらさから逃れられる。しかし、足の速い人は、ゆっくりしたペースに合わせるのがつらいし、遅い方は一緒についていくことができても、あとから足の負担になる。そういう意味では一人で歩いたほうがいいのだ。やはり、お大師さまと「同行二人」なのである。

しばらく行くとすぐに遍路道となった。標高二〇〇メートルほどの丘陵を越えるためだ。それ

二十二番平等寺への遍路道。平野部だが、少しだけ山道となる。（7月1日）

を過ぎるとまた下りになる。

　そうこうしているうちにきれいな緑色の竹林に出た。まるで世の中が緑色に染まったかのような美しさだ。道はササの葉を敷き詰めたようになっている。

　二時間ほどで平地になった。視界に広がるのは、田んぼに民家。純日本の風景である。二十二番平等寺《びょうどうじ》は、そんな中にあった。犬が擦り寄ってくる。ふだんは遍路姿に異様さを感じるのか、あちこちの犬に吠えられてばかりいるが、なにか久しぶりに近くで犬を見たような気がする。

　きょうは無理をしない計画だ。このところ自分の足ではきつかったことから、少しのんびり行くことが、結願につながると判断した。

　平等寺を出ると間もなく携帯電話は圏外になった。初めての快晴である。じりじりと焼け付くような暑さだ。その割には汗が出ない。以前は毎日、白衣がびっしょりになっていたが、今はそうでもない。空気が乾いているのだろうか。だが、

弘法大師が杖を突いたところ清水が湧き出て、闇夜に月が出たとの伝説がある月夜御水庵（7月1日）

コーラなど五〇〇ccのペットボトルをがぶ飲みするようになった。

歩き疲れて、小さな交差点の角の民家の庭石に腰を下ろして一服した。近くの家から軽四が出てきて、運転していた奥さんふうの女性が私を見て頭を下げながら通り過ぎた。再び歩き始めて、かなり行ったころだ。さっきの軽四が横に止まって、女性が運転席の窓を開けた。

「これ飲んで元気出してください」

見るからに冷たそうな五〇〇ccのお茶のペットボトルを差し出したのだ。

庭石に座り込んでいた私を見て、お茶を買ってきたのは間違いない。とっさのことで、「すみません、ありがとうございます」しか言えない。あわてて、「せめてお札を」と頭陀袋からお札を取り出して渡し「南無大師遍照金剛」と唱えた。お札を受け取った女性は、とびっきりの笑顔を見せて走り去った。その車を見送りながら「なぜ、ご家族の幸せをお祈りいたします、と付け加えなかったか」と後悔した。冷たいお茶をもらったというより、その心遣いに元気付けられ、黙々と歩くことにした。

間もなく番外霊場の「月夜御水庵《つきよおみずあん》」についた。ここで、前日に夫と離れ離れになったと言っていた自転車のおばあちゃんが、だんなさんと休憩しているのに出会った。「会えたんですね、よかったですね」と声をかけたら、「ほかの遍路さんに伝言を頼んで会うことができたんですよ」と顔をほころばせた。年を取った夫婦が野宿しながら自転車で霊場回りをする。とてもほほえましく、うらやましかった。

ずんずん歩くと、間もなく海に出た。南国の海。真っ青な海。遍路に出て初めて海を見た。きょうはここに泊まる。そう決めて民宿に電話を入れ、間もなく宿に入った。

杖の法力　二十三番札所「薬王寺」

七月二日（金）。

きょうは二十三番薬王寺《やくおうじ》まで行って、終わりにすることは早々に決めた。これで「発心の道場」と呼ばれる阿波・徳島のお寺は最後だ。

ゆっくりと午前八時に朝食をとり、歩き出した。商店や民家の建ち並ぶ通りを「おはようございます」とあちこちあいさつしながら行くと、郵便局があった。T字路になっており、方向からすると右のはずと思い、そちらに向かったら、なにやらおかしい。行き止まりの雰囲気である。こういうときは歩いた分がもったいなくて実に情けない。近づいてきたおじさんに聞くと、やはり、左折しなければならなかった。

Uターンして、交差点を過ぎようとしたら、

「お遍路さん、お接待させてください」

民家から声がかかった。三メートルほど行き過ぎていたが戻る。玄関前に立つと中から六〇歳くらいの奥さんが出てきて、自分で作ったフクロウのマスコットをくれた。苦労がないようにと「不苦労」である。しばし、話し込んでいたら、心臓の手術をしたばかりという。お遍路さんに顔色が悪いと言われて診てもらって病気が分かり、小松島の日赤で手術を受けて快方に向かっているとのことだ。

玄関に出てきた二〇代と思える息子さんを指し、「この子も病気なんです。お大師さまにおすがりしたいが、お遍路ができない。せめてお接待させてほしい」と切々と語るのである。そして、息子さんに向かって声をかけた。

「あきちゃん、お杖につながらせてもらいなさい」

徳島県由岐町の県道を歩いていると、野うさぎが出てきた。（7月2日）

こんなことは初めてだ。門に立てかけておいた金剛杖を取ってきて目の前で立てた。すると、息子さんは杖のてっぺんを拝むように両手で包み込み、頭を垂れた。私は、自分のような者がこんなことをしていいのかとまどった。だが、杖はお大師さまそのものだ。「南無大師遍照金剛」と神妙に唱えた。

「一番から歩いておられるのですか。ご家族もおられるのでしょうから、これで連絡してあげてください。わたし絵手紙もやるのです。病気上がりであまりうまく描けてないのですが……」

と、奥さんは自分で絵をかいた一枚のはがきを差し出した。さらに五〇円切手もくれたのである。

ただただ、感謝して「ありがとうございます。病気平癒、ご家族の幸せをお祈りいたします」と述べ、再び「南無大師遍照金剛」と唱えた。実に厳かなお接待だった。

フクロウの紐の先に安全ピンが付いており、その場で肩から提げていた頭陀袋のショルダーベルトに付けた。以降、八十八番まで、焼け付くような日差し、台風、土砂降りの雨の中を一緒に歩くことになる。途中で片目が取れ、いつしかもう片方の目も取れた。家に帰ってから両目を付けたのは言うまでもない。

主に海岸線のルートだと思っていたが、すぐに山に入った。県道二五号線は、なかなか傾斜がきつい。途中から中央の白線がなくなり狭くなるが、通行する車もめったにない。二度ほど遍路道に入る標識を見落とし、遠回りとなった。車道は極端な傾斜をつけられず迂回《うかい》するからである。

再び海に出て景色が一変した。ホテルや民宿はサーフィンを楽しむ若者向けが目立ってくる。波による侵食で岩に穴が開いたえびす洞に立ち寄ってダイナミックな景色を楽しんだ。これも日程に余裕があるからだ。日和佐の町の中心部に着いたのは昼ごろだった。

ここの海岸はアカウミガメが産卵に訪れる場所としてあまりにも有名だ。海岸近くには博物館もある。その隣の食堂で、焼きそばとコーラを頼んだ。浜茶屋のようになっていて、二階にはビニールの敷物が敷いてある。足が伸ばせてありがたい。美しい海が見渡せる。爽《さわ》やかな風も入ってくる。きのうは波が高く、しぶきが入るほどだったという。帰り際、ここの主人は「お接待です」とオレンジを二切れ持たせてくれた。

奥さんは「これから室戸ですか」と聞いてきた。「いや、疲れているので、きょうは薬王寺さんで終わりです」と答えたら、「この先、長いですから、日和佐で二、三泊していく人も多いで

太平洋の荒波が穿った、徳島県日和佐のえびす洞。（7月2日）

すよ」と教えてくれた。

薬王寺には午後一時半に着いた。門前を歩いていると、目の前に千葉の鈴木さんがいる。「あれー」と言ったら、きのう無理してここまで来たが、いよいよ室戸へ向かうので、体調を整えるため連泊して休養していたという。そんな話を聞いたばかりだったので、笑ってしまった。

「いらない荷物を宅配便で送り軽くしましたよ。それで、きょうは日和佐観光」

そんな心の余裕がうらやましかった。平等寺で、先に山に向かう姿を見て以来の再会である。

偶然にも私が予約したのと同じ駅前のビジネスホテルに泊まっているそうで、夜は一緒に食事に行くことになった。遍路に出て初めての居酒屋だ。もちろん、あすのことを考えて早々に切り上げたのは言うまでもない。

警察署で休憩

七月三日（土）。

きょうも晴れ。連泊したかったが出発することにした。ホテルを出て三〇メートルも行かないうちに、「これ飲んで行って」と自転車のおばさんに紙パックのジュースをお接待された。商売ものらしく、なんだか恐縮してしまう。

国道五五号線をひたすら行く。山間部に差し掛かると登坂車線が現れた。ここの看板がいい。

「遅い車は左へ寄ってくれるけ」

間もなく日和佐トンネルに入った。トンネル入り口には歩行者のために、反射材のリストバンドを入れてある箱があったが、開けてみると空だった。だが、片側だけ一段高い歩道になっていて、それも杖の長さよりやや広い幅があるうえ、車道との間にガードレールもある。これなら、危険を感じることもない。

もっと驚いたのは、歩いていると天井に設置されてあるライトのうち前方の二カ所が次々と自動的に点灯するのである。センサーが感知しているのだ。ドライバーからは白装束がくっきりと浮かび上がることになる。あまりの素晴らしさに感心してしまった。

もっとも、国道を歩くのは楽しいことではない。なにより単調である。排ガスの洗礼も受ける。

通るのは車ばかりだから孤独でもある。道沿いの自販機でジュースを買ったら、「ありがとうございました。おつりをお忘れなく。行ってらっしゃい」としゃべる。なんだか、機械に励まされてしまった。

昼前に牟岐《むぎ》駅前に着いた。早くも足が棒になっている。やむを得ず、喫茶店を見つけて昼ご飯を食べた。椅子席だが、靴を脱いであぐらをかく。これが一番気持ちいい。猛烈に暑いはずだが、汗は以前のようにはかいていない。やはり乾燥しているのだろう。

喫茶店を出てすぐ、こんな看板があった。

「お遍路さん　ご苦労様です　休憩所あります　牟岐警察署」

そこは間違いなく、警察署の中である。駐車場の一角にテントが張ってあり、ベンチとテーブル、地図などが備えられていた。ちゃんと杖立てまである。警察が、こうした便宜を図ってくれていることに驚かされる。アメと書かれた缶は空だったが、ベンチで少し座らせてもらった。

しばらく行くと、自転車で回っているあの夫婦とまた会った。下り坂なので、すーっと滑るように走っている。私を追い抜いていくとき、「頑張って」とあいさつされた。縁のある人とは何度でも会うものだと思う。

足の痛みは耐えられないほどになってきた。道の脇に休憩所が見えた。向かいには自販機。まず、お茶でも買おうと道路を横断した。すると、そこに止まっていた徳島ナンバーの青い軽四の

若い女性が、

「これどうぞ」

と、冷たいペットボトルのお茶を差し出した。私の姿を見つけて買ったものなのだろう。

「エーッ、ありがとうございます。これ買おうと思っていたんですよ。本当にありがとう。お札にお札を……。ちょっと待って」

納札を取り出して渡すと、

「こんなん、もらったの初めてやわ。ありがとぉ……。暑いし、日射病にならないかと思って……」

こちらは頭にタオルをかけて菅笠の両側から垂らした格好だ。それも髭面で得体の知れない人相である。それなのに、若い女性が平気でお接待してくれたことに驚きと感動を覚えた。お札を受け取ってうれしそうにお礼を言うなど、素直で明るいお嬢さんである。

車が発進するのを見送って、私は深々と頭を下げた。窓を開けた女性はにこやかな笑顔を見せ、頭を下げて走り去った。

間もなく、番外霊場・鯖大師近くの民宿に入った。

高知県に入る直前の宍喰の海岸。気取って砂浜を歩いてみる。（7月4日）

修行を離れ

七月四日（日）。

きのうは足が痛くてどうしようもなかったので、きょうは徳島県の最南端・宍喰止《ししくい》まりとする。早めに着いて海でサーフィンをする人たちを眺めていたら、何か視線を感じた。横を向くとカメラを構えた中年男性が望遠レンズで私を撮っている。

遍路が杖を手に、腰を下ろして遠くを見つめている……。そんな表情を撮りたかったのだろう。「すみません、撮らしてもらいました」と言いながら、さらに何枚かシャッターを切っている。間もなく、仲間のいる波打ち際に去っていった。どうやらアマチュアカメラマンがグループで、サーフィンをする若者を撮りに来たらしい。とんだところで被写体になってしまった。

海岸から上がって、道の駅でパンフレットなどを見ていると、海中を見られる観光船があるらしい。船の底がガラスになっているものだ。これまで、ひたすら歩いて余裕のない生活をしていたなあと思うと、急に乗りたくなった。歩きは修行だから余裕などなくていいのだろうが、四国へ来ているのにもったいない。案内係の女性に聞いた。

「台風八号が近づいていろけど、運航してるの？」

「やってますよ」

「どう？　面白い？」

「天気次第ですね」

確かにそうだ。愚問であった。

「トンネルをくぐって、左へ入ってすぐです」

観光船の乗り場をそう聞いて向かった。そのトンネルを越えた途端、標識があった。

「高知県東洋町」

ついに高知県入りである。徳島を抜け出たか……。言いようのない感動が広がった。同時に、遊びの目的で来て、高知県の入り口にたどりついてしまったことの後悔もあった。

左折してどんどん歩くが、なかなか船着き場は見えてこない。説明するほうは、車での移動を基準にしているのだ。あと一キロの標識が見えたとき、子供を乗せたワゴン車が止まり、奥さんが窓を開けて「どちらまで付かれるんですか」と聞いてきた。

遍路のために造られた休憩所。こうした高床式は珍しい。（7月4日）

「ありがとうございます。タケシマまで」

「タケガシマですか。乗っていかれませんか」

しかし遍路が観光しているという引け目もある。

「すみません、結構です。ありがとうございました」と断ったら「はい」と言って、走り去った。中にいた坊主頭の男の子がニコニコ顔で手を振ってくれた。見送っていたら、すぐに左折した。竹島は真っ直ぐ先である。もともと方向が違うのに、声をかけてくれたということだろう。感謝するのみである。


観光船の船長さんもなかなか親切・丁寧な人だった。私に話しかけたり、子供たちにも、「ここからお魚がよく見えるよ」と案内したり、気分のいい人である。乗船客から「何日目ですか」「暑いし大変ですね」などと声をかけられた。「足が痛くて、やめればよかったですよ」と冗談を言うと「そう言わずに頑張ってください」と励まされた。情けない話である。

◇

「修行の道場」と言われる土佐の高知に入る。実は何度も「徳島を一国打ちしたら帰ろうか」と思っていた。あまりに足が痛むからだ。友人からは「無理しないで」とメールが来るが、カミさんからは「男がいったん家を後にしたら、そう簡単に帰ってくるものではない。実に情けない」ときついメールが何本も来ていた。しかし日和佐まで来たら、帰るということは思わなくなった。「発心の道場」の阿波・徳島の最後に、発心したのかもしれない。髭はさらに伸び、ベテラン遍路のようになっていた。それに比べて髪はなかなか伸びない。これではまだ帰るわけにはいかない。行けるところまで行く。方針はすでに固まっていた。

おとずれ帳

七月五日（月）。

室戸に向かう。連泊して休息をとることも考えたが、朝まで降っていた雨が上がったら、出発する気になった。バイキング形式の朝食を済ませ、ひたすら国道を行く。アップダウンがあってなかなか厳しい。トンネルを抜けると、ホテルで見かけた外国人の男性が自転車で追い越していった。四国には、いろんな人が来ているなあと思う。

そう言えば、インド人が黄色の衣を着て歩いていたとか、裸足《はだし》で回っている外国人がいて足の裏は靴底のように固くなっていたというような逸話も数人から聞いた。誰もが口をそろえるのは、外国人は国籍を問わず歩くのが極めて強いということだ。確かに全く苦にしていないように見える。水のがぶ飲みもしない。

昔は日本人も強かっただろう。江戸時代までは移動するのに歩くしかなかったから、自然と鍛えられていた。だが、今は車依存型社会である。地方では、タバコを買うのに一〇〇メートル先の自販機まで車で行く。これでは退化するのも当然だ。

さて、民宿がいくつもある白浜海岸の休憩所で一服し、あとはひたすら海岸線を歩く。日差しがきつい。海の青さは目にしみるほど美しいが、景色にそれほどの変化はない。

ゴロゴロ海岸と書かれた休憩所で、バイクの七一歳の男性と会った。地元の人である。「ここは大波がくると、岩がゴロゴロ鳴ったから名前がついたが、道路を拡幅したら音がしなくなった」などと話を聞いた。確かに、この道は災害復旧工事だとかで、やたらと片側交互通行をしている。今は穏やかだが、太平洋の荒波はきついのだろう。

工事区間では、日焼けした交通整理の作業員が車の誘導をしている。私は今回の遍路に当たって、できるだけ多くの人に声をかけてあいさつすることを決めていたから「こんにちは。ご苦労さまです」と声をかけて通り過ぎる。そんなとき、彼らは必ず「暑いね……」「頑張って」「気をつけて」と返してくれた。

遍路中、もっともあいさつをしてくれたのが、こうした工事関係の人たちだ。ついでお年寄りと子供たち。逆に知らん顔をしていたのは、サラリーマンである。

地図を見て海沿いを歩くものと考えていたが、山が海岸線まで迫っているため中腹に造られた道を行く。イメージとかなり違う。

歩きながら、あることに気がついた。路肩は排水の関係で、かなり傾いているため歩きにくい。さらに歩道は簡易舗装が多くて表面に細かい石がごつごつと出ている。長く歩くと足の裏が痛む。靴の上からこれほどまで敏感に感じるものだとは知らなかった。

ところが、路肩に設置してある側溝のふたはコンクリート製で表面が滑らかだ。それもだいたい水平に設置されている。ふたの上が実に歩きやすいのである。ただし、最初は、ふたの穴に杖を何度も突っ込んでしまって失敗したが、その穴の上を歩けば、右手に持った杖は穴に入らない。知恵はどんどんついてくる。

ついに室戸市に入った。しばらくして、ようやく田んぼが見え、民家のあるところに来た。学校がある。佐喜浜小学校入来分校と書いてある。先生と数人の児童が校庭で草むしりをしている。児童の赤い帽子がかわいらしい。

路肩で何度も何度も休んだ。この足では無理なのかと思いながら、また進む。休憩していると折り畳み自転車に乗った老遍路が声をかけた。

「わしは、こじき遍路やからのう」

それだけ言うと走り去った。いったい何を言いたかったのだろう。

佐喜浜漁港に来て、ようやくスーパーを見つけた。ここにもベンチがあって、休むことができた。元気を取り戻して歩き始めるが、やはり足は痛い。何かと理由をつけて休もうとしている。

鯨ウオッチングと書いてある看板を見て突堤に出た。靴を脱ぎマッサージだ。このとき初めて時計を見た。四時三八分である。民宿には四時に着くと案内しておいた。休み過ぎである。しかし、時計を見たことが原動力になった。五時二〇分、「ロッジおざき」に到着。海に突き出た奇岩の間を道が通っているのが見える。すごい景色が室戸の始まりを告げていた。

宿帳を書くときに、千葉の鈴木さんの名前があった。きのう泊まったのである。この日の客は私一人。部屋は二間を使わせてもらう。銭湯などによくある籐《とう》むしろが敷いてあって気持ちがよかった。「波の音がうるさいかもしれませんが……」と言われたが、そういうのは気にはならない。窓から水平線が見える。丸い。地球は丸いと感じる。

部屋には「おとずれ帳」と書かれたノートがあった。

「私にとっては人生のけじめ、再出発の遍路旅。無事満願まで何日かかっても歩きます。次は妻を連れてきます。今度は妻のために」五一歳・東京

「歩き始めたばかりの夫婦遍路です。青い海を見ながら心は晴れ晴れ。何度立ち止まって海をのぞいたことでしょう。きょうは少し長く歩いたので、明日は二五キロぐらいにしようと思っています」五五歳、五四歳

「七五歳の独り歩き遍路です。定年退職の翌年、妻が罹病し、三年前に亡くなりました。全く苦労のかけっぱなしで、やりきれない思いです。亡き妻に対するお詫びの遍路です」山梨

「お大師さまとの二人旅は私にとって最高のぜいたくです。この二カ月間のさまざまな想いのために、一年の残り一〇カ月間を過ごしています」六一歳女・山形

室戸岬到着　二十四番札所「最御崎寺」

七月六日（火）。

出発するときに、宿のおかあさんが「お荷物になるでしょうが」とおにぎりやちくわが入ったパックとバナナを持たせてくれた。この道沿いは食堂が少ないからとの心遣いだ。ありがたく受け取り、歩き始めた。

最初は曇っていたが、すぐに日が差してきた。むちゃくちゃ暑い。きのう無理したため朝から

足が痛い。道路に映る自分の遍路姿の影を見ながら心を無にしてひたすら歩く。

後ろから自転車の女子高校生四、五人が追い越しざまに「おはようございます」と元気よく声をかけていく。「おはよう」と返しながら「若いっていいな」と思う。杖を突くと結び付けてある鈴がチリリンと鳴る。その拍子で歩く。

漁港の突堤で休んでいると、おじさんが話しかけてきた。

早朝の出発で、路上には長い影ができた。遍路であることの意識と旅情が駆り立てられる。（7月6日）

「メールですか」

きのうから圏外だったため、通じるところに出たのでチェックしていたのだ。このおじさん、標準語をあやつる。漁の話や世間話をしてから「橋本知事はどうですか」と尋ねたら、すっかり橋本談義になってしまった。

その後も何度休んだことだろう。日陰の路肩、堤防の上、田んぼのあぜ……。

町の入り口に喫茶店があるので入った。テレビは北朝鮮拉致《らち》被害者の曽我ひとみさんが九日にインドネシアで夫のジエンキンスさんと会えることになり、緊急記者会見をやっているのを映し出している。曽我さんは「会えてよかったというのではなく、先々のことも考えなくては……。日本で四人で暮らしたい」とコメントしている。全く、その通りだなあと思う。

アイスコーヒーを持ってくるとき、店の主人が「冷たいお茶でいいですか」と聞いて、冷蔵庫から氷の入ったポットを出して、そのままテーブルに置いてくれた。夏場の歩き遍路がいかに水分を求めているか、よく分かっている人だった。なによりのお接待である。がぶ飲みしてしまった。

しかし、これが失敗だった。歩き始めてしばらくすると、おなかの調子が悪くなったのである。遍路に出て初めてだ。国道沿いに茂みはあるが、墓地も結構あって難しい。だいたい茂みではヘビが怖い。山の中ならともかく一番都合の悪い場所である。急激な便意ではないが、汗のほかに脂汗も出てくる。そうこうするうち三キロも歩いてしまった。

海洋深層水を利用するメーカーの工場が建ち並んでいる一帯に出た。すると、左手前方に公衆便所らしきものが見える。助かった……、と思いながら歩いていくと、なにやらフェンスがしてある。とにかくフェンスの入り口を入ってリュックを下ろし、杖を立てかけてトイレの中に入った。ありがたいことに洋式である。足が痛くてひざを曲げるのも苦痛だからだ。

さっぱりと用を足し、外に出てよく見ると「高知県栽培漁業センター室戸支所」と書いてある。どうやら、公衆便所ではなく外に設置した支所のトイレらしい。しかし、人の気配がないのでお

高さ二一メートルの室戸青年大師像。緑の山にセラミック製の白亜の像に驚かされた。(7月6日)

礼も言えない。黙って合掌して出てきた。隣には、濃縮の深層水を販売する施設があった。無人で、お金を入れて給水を受けるらしい。自販機のようなものだ。

すっかり体も楽になって歩いていると、青年大師像という大きな白い像があった。とてつもなく大きい。高さ二一メートルだそうだ。緑の山に真っ白な像が映えている。岬は近い。

国道から遍路道に入った。このところ海岸線を歩いていたから、山の中に入ると何か懐かしさを覚える。標高一六五メートルを一気に上がる。右へ行ったり左へ行ったり。焼山寺への山道を思い出す。ヘビも怖い。やたらと杖を強く突きながら地面に振動を与えて、ヘビが逃げるように願う。山道がカーブするたびに立ち止まって呼吸を整える。たかが一六五メートルと自分に言い聞かせるのだが、白衣まで濡れるほどの汗をかいた。

突然、二十四番最御崎寺《ほつみさきじ》の立派な山門が現れた。これが正規の参道だったのである。バスで来ると本堂の横に出る。だ

室戸岬に到着。最御崎寺まではあと少し。（7月6日）

から山門は通らない。もったいない話である。一服してお参りと思ったら団体さんがやってきた。じっくりと待つことにする。

ここのご本尊は虚空蔵菩薩《こくぞうぼさつ》である。真言を見ながら唱えたが「のうぼう　あきゃしゃ　きゃらばや　おん　ありきゃまりぼり　そわか」と舌をかみそうだ。

それはともかく、普通は三日で来るところを四日かかって着いた。「前に進んでさえいれば、必ず着く」という当たり前のことをかみしめた。

大師堂もお参りして、またベンチで休んでいた。そんな私に向かって、団体さんの中の男の人が合掌した。髭を伸ばして先達のように見えたのか。そのとき足を組んでいたのだが、きまりが悪く、すぐにほどいてこちらも合掌したのである。

下りは車道を行く。くねくねと曲がりながら下りる道だ。アスファルトの照り返しはきついが、眼下に室戸の町が見えるのが美しい。こんな高いところまで上がってきていたのかと思う。

境内で予約した、民宿「川崎」に着いた。軽トラックで出かけようとしていた、おかみさんにあいさつしたら、

「お客さん、声がいいね」と褒められた。

「カラオケ大好きだからね……。でもお経は下手」などと言って笑わせた。この一言で気に入られたのか、部屋に入るなり氷の入った冷水をポットごと持ってきてくれた上に、「おなかすいたやろ、はい、おやつ」とソーメンを差し入れてくれた。おまけに洗濯までしてもらった。

中学生に励まされ　二十五番札所「津照寺」・二十六番札所「金剛頂寺」

七月七日(水)。

朝食のときにメロンが出た。いたれりつくせりに感謝しながら、本日も第一歩を踏み出す。室戸岬では昔のままの赤い円柱形のポストがあって懐かしかったが、市街地では普通の四角いポストになっていた。室戸岬水産高校を見ながら歩いていると漁港に出て、二十五番津照寺《しんしょうじ》の看板が現れた。

右折すると参道である。ここから石段を上がる。車で来たおばちゃんたちが、「エーッ」と言っている。石段を上がるのがしんどいのだ。でも、たいした距離ではない。本堂、大師堂をお参りし、休まずに次へ向かった。国道五五号をてくてくと歩く。海はきれいだが、なにしろ暑い。遍路休憩所があって一服したが、自販機はない。毎度思うが、休憩所に着いてから近くの自販機まで行くのが大変なのだが……。

ここから旧道に入る。一キロほど行って右折すると二十六番金剛頂寺《こんごうちょうじ》の参道だ。民家の横を通って山道に入る。また山の典型的な遍路道だ。高さからすれば最御崎寺とあまり変わらない。ただ、湿気が多いせいか、汗をびっしょりとかく。息が切れる。

突然、上の方から声が聞こえてきた。スポーツウエアの子供たち四、五人。いや、そのあとからどんどんと下りて来る。「こんにちは……」「頑張って」「ご苦労さまです」とはきはきしている。こちらも、苦しいのは隠して「おはよう」「こんにちは……」「元気だね……」と返す。「何中学?」と聞くと「付属中です」と答える。引率の先生が「室戸少年自然の家で宿泊学習だったんです」と説明してくれた。いったいどれだけの生徒がいるのだろう。こちらもあいさつしているうちに元気が出てきた。

薄暗い山道で急に視界が開けて明るいところにベンチがあった。先ほどの国道が眼下に見える。姿は見えないが、子供たちや先生の声がまだ聞こえる。何を言っているのか分からないが、楽しそうだ。

もう少しというところで、雨がぱらついた。おかまいなしに行くと、ここもいきなり山門が現れた。昔はみんなこの遍路道を通って行ったのだから当たり前ではある。トイレで汗だらけになったタオルを洗い、頭にかけて菅笠を被りなおして参拝した。

次は別の遍路道から降りる。これがなかなか分からず、地図を広げていたらバイクのおじさんが止まって教えてくれた。あとは遍路シールや遍路の道案内看板に従って行くと、道の駅「キラメッセ室戸」のところに出た。

このころから猛烈な暑さとなった。ピッチを上げて歩いてみたが、すぐに一キロで断念した。やはりマイペースで歩くしかない。

やっとの思いで奈半利《なはり》町に着いた。喫茶店に入ったらママが「七、八年前くらいから急に歩く遍路さんが多くなってね」と、頼んだもののほかに熱いお茶を出してくれた。出るときも「暑いから気をつけて。無理しちゃだめよ」と優しい言葉を掛けてくれた。「なかなか素敵なママやなあ」と思う。いやいや、遍路がこんなことを考えてはいけない。

二十七番神峯寺。標高四三〇メートルだが、周辺はガスっており深山幽谷の雰囲気。（7月8日）

ピストン輸送　二十七番札所「神峯寺」

七月八日（木）。

天気予報では降水確率が三〇～六〇％だが、晴れた。とても暑い。奈半利町から田野町に入る。幕末に活躍した人の生家とかお墓とかの標識がやたらと目立つ。なるほど薩長土肥の一つ、土佐である。

意外に早く二十七番神峯寺《こうのみねじ》の上り口に着いた。最初はだらだら坂だが、途中から急にきつくなる。ぜいぜいと息を吐きながら上っていると、お遍路さんを乗せたジャンボタクシーが次々と上がって行く。遍路道もあるが車道のヘアピンカーブを短縮するくらいの短いもので、主に車道を歩かなくてはならない。もちろん、車道と言っても一車線だ。山にはガスがかかっている。神秘的というより、標高四三〇メートルを意識させられる。

海岸線から一気に上がるのだから、楽なわけがない。ジャンボタクシーのお遍路さんの多くが、こちらを見て行く。せめて顔だけは平然として上がらないと、と思う。何度か休んでついに到着。庭の美しいお寺だった。

下りも同じ道を三・四キロ戻るのが、ここの宿命だ。途中で道端の日陰に座り込んでいるお遍路さんと出会った。福岡県の長久晴躬さん（六二歳）。少し話をしたらすぐに打ち解けた。レンズ付きフィルムで私を撮ってあげるという。名刺代わりにもらったお札は、独特のものだった。裏に住所や名前が書いてある。市販のお札はペラペラの薄いものだからと、印刷してつくったそうだ。

さらに自分も撮ってと頼まれた。道に座り込んだ姿でいいのだと言われ、少し腰をかがめて低い位置から一枚シャッターを切った。「ジャンボタクシーが次々と上がりますね」と言ったら、道が狭くてバスが入らない。だから遠くからバスで来た団体も、地元のジャンボタクシーに乗り換えるのだと教えてくれた。なるほど、ピストン輸送なわけだ。このタクシー会社の経営は安泰である。遍路で成り立つビジネスと言える。

バスとかタクシーと言えば、駐車場で待っている運転手がよく私にあいさつしてくれる。絶対に客とはならない歩き遍路だが、親近感があるのだろうか。

長久さんには、「このあと、かなりきついですよ」と道の説明をして別れた。

彼が、安芸《あき》市役所近くの旅館に泊まると聞いていたので、こちらも山を下りてから同じ宿を予約した。距離的にもぴったりだった。

安芸市役所には土佐ノ海など出身力士の幟《のぼり》がはためいていた。地元テレビを見ていても郷土力士は実に多い。勝敗表が一つの画面でおさまらず、二つ目の画面に及ぶ。相撲留学の縁で朝青龍《あさしょうりゅう》らも含めているから、土佐は大相撲全盛だ。

夕食を食べ終わったころ、長久さんが到着。向こうは私が同じ宿にいるのに驚いたようだった。古新聞をもらって軽登山靴の中に詰め込んでいる。「山道でバテて、そのまま三〇分ほど寝てしまった。起きたら体中、アリだらけだった」という話を聞いた。

歩きにくい歩道

七月九日（金）。

今日も天気予報とは裏腹に晴れ。朝から猛烈に暑い。「去年が冷夏だった反動か、今年は暑さが厳しい」と地元の人も口々に言っている。三五度ぐらいの中を毎日歩いているのだから、よく消耗しないものだと自分でも驚く。ただし顔と腕は真っ黒。風呂に入ると胸や足の白さと際立って対照的だ。

安芸漁港の大きな堤防に「日本一高い防波堤　海面より16ｍ」と書いてあった。それを見たあと自転車道となっている堤防道路をひたすら歩く。一キロも行くと汗でぐちゃぐちゃだ。この道は車の心配をしなくていいが、日差しをさえぎるものは何もない。もちろん自販機もなくて、途中から国道に入った。道端の自販機で冷たいお茶を買い、一気に飲んだ。

しばらくして、またまた腹の調子がおかしくなった。冷たいものの取りすぎなのだろう。我慢して歩いていたら、土佐くろしお鉄道の赤野駅が目の前に見えたので、用を足してきた。ここは真新しい立派な無人駅である。屋根つきの長いベンチもあり、横になって休ませてもらう。なにしろ、四、五人は横になれるのではないかと思うくらいの長いベンチである。線路が高架になっているためホームは上。下にこうした施設がある。

再び、国道に戻って歩く。縁石で一段高くした歩道が付いているのはありがたいのだが、右側を歩いていると途中から歩道がなくなり、左側に歩道が移動している。道路を横断して左側に行くと、しばらくして今度は逆に右側に移る。一日中、横断歩道もないところを行ったり来たりしなくてはならない。

もちろん、地形や民家のあるなしなど、さまざまな理由があろう。だが、遍路の最中、こうしたことを延々と繰り返さなければならなかったのは事実だ。道の両方に歩道があれば言うことはないが、予算の問題もある。しかし、頻繁に右へ行ったり、左へ行ったりしなければならない道路行政とはいったい何なのか。そう思わずにはいられなかった。

道路と言えば、ほかにも言いたいことがある。山間地の道路を歩いていたら立派な歩道があった。舗装の表面は一五～二〇センチぐらいの黒い石を敷き詰めてある。それもデザインを重視して、石は切り出したままの感じででこぼこ、少し浮き上がるようにしてコンクリの中に埋めてある。見た目には素晴らしい設計である。しかし、長い距離を歩いてきた者にとって、こんな歩道は足が痛くて歩けやしない。仕方なく、車道を歩いたのである。

こんな特殊な例だけではない。市街地の歩道は、家からの出入りの部分が車道と段差を揃えてある。だから、歩く者からすると延々と上がったり下りたりを繰り返さないとならない。

何も歩き遍路のために言っているのではない。車椅子の人も同じことを思っているだろう。バリアフリーと声高に言うが、まだまだ優しい社会にはなっていないのである。国土交通省のエリート官僚も、下部機関や県・市町村から上がってくる情報だけにとらわれず、一度歩き遍路をすれば、車道も含め実態が分かるだろう。それがひいては全国の道路をよくするきっかけになると思うのだが……。

安芸漁港を出たときから、遠くに白亜の建物が見えていた。近づいてみると、土佐ロイヤルホテルである。丘の中腹に建つ姿はなかなか美しい。こちらはコンビニでお茶とおにぎりを買い、そのホテルが見えるバス停で食べた。そしたらバスが来て止まった。「すみません」という感じで頭を下げたらバスは走り去った。

峠を越えて夜須《やす》町に入るとき、歩道がなくなった。道の脇の白線の外側を歩く。国道だから交通量は多い。トラックや乗用車が私を避けようとセンターラインを踏む。はみ出しの警告として黄色のセンターラインにはでこぼこがつけてある。だから、ゴーッと音がする。何か車に申し訳ない気持ちになる。

この夜須町で面白いものを見た。漁港の近くに来たら、空に向かって斜めに突き出た構造物がある。ピサの斜塔どころではない。かなり傾いている。さらに近づくと、中央線が白く書いてある。なんと道である。船が通ると跳ね上げる可動橋だった。

道の駅「やす」で一服。隣には椰子《やし》の木が何本も植えてあり、まるで南の島に来たみたいだ。「ヤ・シィパーク」と書いてある。夜須町はいろいろと面白いところだ。

あまりの暑さに、しばらくは国道の左を並行する高架の土佐くろしお鉄道「ごめん・なはり線」の下を歩くことにする。単線だから高架の下も狭く砂利道だが、日差しからは逃れられる。調子よく歩いていて、ふと地図を見たら、ちょうど神社のところに来ていて、そこから右折していくほうが近いと分かった。あやうくまた遠回りするところだった。

押しボタン式信号で国道を横断し旧道に。陸上自衛隊高知駐屯地の前を通って、岸本小学校前で一服。付近は「あいさつを先にする子が多い町」などと標語がかかっている。あいさつ運動をやっているのだろう。

きょうは、野市町《のいち》のビジネスホテルに泊まる。ここは温泉つきで、足を十分癒した。

ごめん　二十八番札所「大日寺」・二十九番札所「国分寺」・三十番札所「善楽寺」

七月一〇日（土）。

ホテルはたいてい、七時からの朝食だが、ここは六時半からだった。おかげで七時一五分には出発できた。スタートするなり、右折するべきところを真っ直ぐ来てしまった。若干の遠回りである。どうも市街地でよく間違える。おかげで、野市小学校という立派な建物を見た。

このあたりに来ると、「龍河洞六キロ」の標識が見え始めた。学生時代に四国を旅行した際、日本三大鍾乳洞と言われる龍河洞に立ち寄った。高校卒業旅行に来ていた岐阜県の女性二人連れと一緒になり、この龍河洞で写真を撮って送ってあげたことなどを思い出す。その後、高知城まで一緒に行ったが、それで終わった。二人ともかわいらしい子で、なにか甘ったるい思い出である。

二十八番大日寺はすぐ近くだ。平地ではあるが、やや高台にある。納経所で「歩きですか」と聞かれ、「そうです」と答えると、「これ持っていってください」と手作り地図を差し出された。二十九番国分寺への遍路道を線でたどってある簡単なものだが、分かれ道のポイントには酒店とか農協とか目印が書いてあって、実に分かりやすい。ウエストバッグに入れてすぐ取り出せるようにした。確かに「ひとり歩きの地図」を見ても、このあたりは町道や農道を通るから難しい。お寺のありがたいお接待である。

二十九番国分寺。雨上がりで、本堂の屋根がしきりに湯気を上げている。(7月10日)

県道二三四号線に出た後、物部川を渡って、すぐ左折して農道に入る。そのとき雨が降ってきた。きょうの予報は当たっている。雷も鳴る。民家の軒先で頭陀袋とウエストバッグにだけビニールの雨具を巻きつけて、濡れていくことにする。もともと大日寺の上りで汗だらけになっている。雨に濡れていけば洗い流せて結構なくらいだ。

ところが、雨が激しくなってきた。いくらなんでもひどすぎる。田んぼの中の農道沿いに材木などが積んである三坪ほどの小屋があった。扉などはない。中にプラスチックの椅子が三つ。ここで雨宿りをさせてもらう。道は川のようになっている。集中豪雨かスコールのように激しい。おまけに風も吹いてきた。真正面からかなりの風が入る。

さっきまで暑くて仕方がなかったのに、ブルッときた。ずぶ濡れの体に風が冷たく感じる。風邪をひかないかと本気で不安になった。「南無大師遍照金剛」と何度も唱えてみる。三〇分くらいたったころだろうか。ようやく小降りになった。身支度を整え、小屋に向かって片手を上げて拝んでから出発した。

JR土讃《どさん》線を渡ってすぐに左折、八〇〇メートルほど歩いて右折する。このころには日も差し、再び暑さとの戦いになってきた。白衣はすっかり乾いている。しかし靴の中が濡れて革が固くなったのか、足が痛んできた。

観光ぶどう園を過ぎると国分寺は間もなくである。大日寺、国分寺とも同名の寺は徳島にもあったが、同じく市街地のお寺だった。国分寺は参道が竹林になっていて美しい。上品なエントランスである。先ほどの雨で濡れた本堂のかやぶき屋根が日に照らされて湯気を上げている。その風景がまた美しいのである。

三十番善楽寺《ぜんらくじ》へは国分川沿いを歩く。約七キロ。途中からやや山沿いに入った。上り坂を息を切らして行く。右手に遍路休憩所があった。中は二人ぐらい野宿できる程度の大きさだ。外にはパイプから水が出ていて柄杓《ひしゃく》もあったが、パイプの先を見ると斜面のコンクリート壁から出ていたため、飲むのはやめた。休憩所には「飲み水とトイレはこの上のヒダカ技研のを使ってください」と書いてある。その会社が協力しているのであろう。

雑記帳が置いてあり、ページをめくると、きょうの日付で九時三一分に福岡の六二歳の人が「小屋に入った途端、雷雨で助かりました」と書いている。先ほどの雨のときここにいたのか……などと分かって面白い。さらに「心は運命の製造者にして、生活は運命の製造所なり」と書かれている。こちらのほうは、分かったような、分からないような……である。

「あしたは参議院選挙の投票日です」と、いきなりスピーカーで告げられた。選挙管理委員会の広報車だ。乗っていた全員がこちらを見ているのが分かった。世間では選挙である。私は告示前に遍路に出ており、期日前投票も何もできなかった。こんな山の中まで広報車が来るのかと思っていたら大きな間違いで、間もなく四車線の県道三八四号線に出た。山間地と思っていたら要は直行ルートをとる遍路道のために険しい上りだっただけだ。

その県道を左折して行くと、間もなく逢坂峠に差し掛かり「高知市」の標識があった。眼下に市街地も見え始める。善楽寺にはすぐに着いた。

今度は一気に南下する。県道四四号線は気持ちのいい道路である。歩道も車道の幅ほどある。川幅の広い国分川を渡り、さらに舟入川を越えて国道一九五号線に入る。もう市街地だ。この道路には複線の電車が走っている。車は残りの二車線をぎりぎり行きかう感じだ。だから私のような歩き遍路がいると車も困る。こちらも危なくて仕方がない。ときおり立ち止まって車をやり過ごす。

そこへ電車が来た。車は歩行者を避けようがないから止まってしまう。ふと見ると、電車の行き先表示板に「ごめん」と書いてある。土佐くろしお鉄道「ごめん・なはり線」である。なんとなく「こんなところを走ってごめん」……という感じに見えてならなかった。

渡し舟　三十一番札所「竹林寺」・三十二番札所「禅師峰寺」・三十三番札所「雪蹊寺」

七月一一日（日）。

泊まったビジネスホテルで提供している無料の朝食は、日曜と月曜が休みという。何も口にせず、七時一五分にはホテルを出た。遍路ルートからやや外れているので、まず国道三二号線を西に向かう。高知市中心部にほど近いが、日曜の朝とあって車は少ない。一キロほど行って歩道橋を渡る。その角に大きなうどん屋があった。

うどん屋というより、うどん中心のファミリーレストランである。そこでまた洋朝食である。家では和食党だが、旅に出るとどうもコーヒーが飲みたいし、パンも食べたい。お遍路さんが洋食では似合わないが、食べたいものは食べたいのである。四五〇円でなかなかの内容だ。取り仕

切っている女性はあちこちの常連さんのテーブルに声をかけており、商売熱心なやり手である。支払いのときに、その女性は、

「暑いでしょう。日の高くならないうちに五台山に上がらないとね」

と送り出してくれた。三十一番竹林寺《ちくりんじ》は標高一二〇メートルの山の上にある。

てくてく歩いていたら、通りかかったおじいさんが「こっちを行ったらいい」と教えてくれた。上り口はすぐに見つかった。そこからは山道だ。木々に囲まれ薄暗い。汗が噴き出すため、白衣の袖を肩までたくし上げる。すぐに何匹もの蚊が襲ってきた。振り払ってもあきらめない。まとわりついて離れず、気がつくと手首から腕を八カ所ほど刺されていた。突然、右足のくるぶし近くに痛みを感じた。ハチである。散々な目に遭って頂上に着いた。市街地の丘というのに蚊のしつこさは遍路中、ベスト3に入るかもしれない。

高知市街地の五台山にある三十一番竹林寺。近くには植物学者・牧野富太郎の記念館がある。（7月11日）

　着いたところは立派な施設で「牧野富太郎記念館」と書いてある。ベンチに荷物を置いて、トイレの掃除に来ていたおばさんに竹林寺の方角を聞いたが、道が分かりにくい。記念館に来るときにあった「遍路道」と書かれた小さなペナント

のところまで戻って、ようやく分かった。

遍路シールに従って行くと、牧野記念館の付属植物園の出口に着いた。植物園は入場料がいるらしい。だがいつしか中に入ってしまっていたのだ。なんとなく気が引ける。後から聞いた話では、遍路道があったところに植物園ができたので、歩き遍路は無料だという。真偽のほどは分からないが、実質そうなっているのは間違いない。

出口からすぐのところにお寺があり、立派な五重塔が建っていた。高知で五重塔があるのはこだけだそうだ。帰りに土産物屋に立ち寄ってかき氷を食べた。壁に高知弁を解説した、のれんが掛かっている。「いごっそう＝がんこもの」「るい＝親戚」「へち＝間違い」「おんし＝君」などと書いてあって面白い。「したらこい＝湿潤な」は、富山弁にニュアンスが似ていて興味深かった。

下りは車道を行く。五台山小学校の前を通って平地に出て、下田川に沿ってさかのぼる。さらに農道を歩いて、県道二四七号線に出て間もなく、「武市半平太《たけちはんぺいた》の旧宅と墓」の看板がある。またまた幕末の志士たちのふるさとなんだなあ、との思いを強くさせられた。

三十二番禅師峰寺《ぜんじぶじ》の近くまで来たら、大きな池に出た。一面、ハスの花が咲いている。水面が白と薄いピンクに彩られ、極楽浄土はかくも……と思わせるような風景である。石土池というらしい。ここにいた六〇歳ぐらいのおばさんから、

「私はツアーだけど六回目なのよ。歩くの大変でしょう」などと言われた。

「足が丈夫でないもんですから、よくここまで来れたと思って……」と答えると、

「まだ、お若いのだから頑張らないと」と励まされた。白いあご髭《ひげ》をしているのに若いという。不思議である。あとで、知り合いの女性に聞くと、女性が男性を判断する場合、声の張りとか肌の艶《つや》で年齢を推測するそうである。白髪頭や髭はあまり関係ないという。なるほど、と思う。

小さな十字路で、「一〇〇メートル先左折」の看板。それに従って行こうとしたら、軽四が止まって運転席の窓が開いた。はっとするほど美しい女性が「峰寺《みねんじ》さんへ行かれるのですか。その道をすぐ曲がった方が近いですよ」と教えてくれた。標識などは車を対象にしたものが多い。狭い道を避けて表示しているので、結構遠回りになることが多い。それを親切に教えてくれたのだ。お礼を言って、車を見送った。もっと話したかったのは言うまでもない。

同時に「みねんじさんと言うのか」と分かって得をした気分だ。ただし、ここの石段はきつかった。標高八二メートルだが、石に緑のコケが生えていて滑りやすく、やっとの思いで着いた。

下りてきてからは、古い街道沿いを歩く。これがなかなか長い。同じような町並みが延々と続く。突然、大きな道路と交差した。県道三五号線だ。その角に小公園があって水道もある。タオルを洗い何度も頭や顔、腕を拭く。ベンチにあぐらをかいて休憩だ。交通量の多い県道の方から通行人やバス待ちの人たちがこちらを見ていく。しかし、もう恥ずかしい気持ちはない。

ここは高知港の先端近くのため、対岸へ渡るには橋と渡し舟の二つのルートがある。歩きということを考えれば、橋を行くのがいいのだろうが、無料の渡し舟も乗ってみたい。それで、後者を選び直進することにした。

船着き場に着いたのが、午後二時一七分。日中はほぼ一時間に一本しかなく、二時一〇分に出たばかりだった。「まあ、いい休憩だ」と待合所のベンチに腰を下ろして地図を広げると、なんと渡し舟のダイヤも載っているではないか。ルートばかり気にして、うかつにもそのページに載っているダイヤを全く見ていなかったのである。

待合所は、二人ほど野宿できるくらいのベンチがあった。誰も来ない。横になるとひどく気持ちがいい。あっという間に時間がたった。

その小さなフェリーは船首も船尾も同じ形をしていた。下りてきたのは自転車の四人。乗ったのは、私のほかにバイクの一人と自転車の六人の計八人である。七分ほどで対岸に着いた。三十三番雪蹊寺《せっけいじ》は一・五キロほどの距離だ。打ち終えてから、お寺の真ん前の宿「高知屋」に入る。

昔からの遍路宿なのだろう。古い建物に、歴史を感じる。部屋には「気配りおかみに感謝」と大見出しの新聞が飾ってあった。山陽新聞が九九年に夕刊で遍路を連載していた時のものである。

確かに気配りおかみである。到着してすぐに「洗濯しておきますよ、出してください」などと言われ、好意に甘えた。線香がなくなってきたので、どこかで買えないか聞いたら、うちでも売っているとのことで購入。「少し町中を散歩したいのですが」と言うと、自転車を貸してくれた。自転車に乗るのは、四国に来た日以来だ。

食事のとき、折り畳み自転車で区切り打ちをしている男性と、北海道旭川から来た母娘と会った。母娘の方は歩いていたが、頭が熱くなってこのままでは熱中症になるとレンタカーに切り替えて回っているそうだ。この日梅雨明けしたらしい。

一七歳の巡礼　三十四番札所「種間寺」・三十五番札所「清瀧寺」

七月一二日（月）。

曇り空のなか、県道二七八号線を歩く。ところどころ、一車線になる。道路整備率はあまりよくない。

「毎度……、お騒がせ……、しております……」と、聞き覚えのある文句がスピーカーから流れてくる。ちり紙交換だ。そのトラックの横腹には「高知県故紙センター」と書いてある。民間ではなく高知県がやっているのだろうか。そうだとすれば、ごみ処理は市町村の固有義務なので、県が直接乗り出すのは珍しい。スピーカーから流れる声を聞いていたら、宝くじ付きのトイレットペーパーと交換するとのことで、一等は三万円だとか言っている。実に面白い。

小学校が見える。子供たちが次々と来るので「おはよう」と声をかけると「おはようございます」と返ってくる。気持ちのいいものだ。

その近くの歩道の縁石に若い男性遍路が腰を下ろしていた。「おはようございます」とあいさつして通り過ぎたが、あとから追いついてきたので、一緒に歩きながら話をした。袖なしの白衣は着ているが、あとはランニングシャツにベージュの短パン、帽子。黒いザックを背負っているだけで、杖もない。

「今、一〇〇円しか持ってないんですよ」と事もなげに言う。「野宿してるんですが、室戸はまいった。一日四〇キロぐらい歩いた」とも。

「ずっと八十八カ所回るの?」

「お金ないから、途中、アルバイトしようかと思ってます」

そうこうするうち、三十四番種間寺《たねまじ》に着いた。途中休みたかったが、彼のペースに合わせた、いや、彼も少しスローダウンしたに違いない。ただ、おかげで早く着けたのは言うまでもない。二人で歩くと速い。

例によって、まずは一服。リュックを下ろしたついでに、持っていたカップ麺を彼に渡した。

「いらないですよ」と断ったが、無理に渡した。所持金が一〇〇円ではどうしようもないだろうと思ったからだ。彼はお礼を言って、本堂で簡単に手を合わせるとすぐに姿を消した。

種間寺を出て、三十五番清瀧寺《きよたきじ》へ向かう。住宅街を抜け、町工場がいくつも並ぶ道を行くが休むところがない。大きな仁淀川《によど》を渡る。水の流れているところは狭いが河川敷が大きい。トラックが通るたび、橋は揺れた。渡りきったところに石碑が建っていたので、土台に腰を下ろした。

そこへさっきの彼が姿を現した。手を上げてあいさつすると、

「バイト、なかなか見つからないですよね、でも数打ちゃ当たるかも」

「そうだよな、頑張って……」

間もなく彼のあとを追って出発したが、なかなか追いつけない。やはり速い。

遍路道を間違えて、やや遠回りになったが、その先で、また路肩に座っている彼に会った。

「いくつ?」

初めて年を聞いた。

「いくつだと思います?」

「そやなあ、二一ぐらいか」

「全然違う、一七」

「おー、若いなあ、びっくりしたよ」

佐賀県出身だという。「昭和五〇年に行ったことがある」と言ったら、「生まれてないな……」

と答える。当たり前である。

「佐賀はなーんにもないところ」と卑下するので、「最近、はなわのSAGAで有名になったじゃない」というと「あははー」と笑った。

両親は佐賀にいるが、一五歳のときから働きはじめ、四国へ来る前は北海道を歩いて回っていた。知床《しれとこ》の標津《しべつ》で漁師のアルバイトをし、ホタテの養殖を手伝った。一日に何度も網揚げをしてきつかったが三〇万円ぐらいもらえていい仕事だった……などという。

遍路に出たのは、兄貴とも慕っていた人が一銭も持たずに遍路したことがあり、「お前もやってみなよ」と言われたからだという。四国へ入ったときは八〇〇〇円くらい持っていたが、白衣やローソク、線香で半分くらいなくなったと笑う。そしていま一〇〇円だ。

こちらが質問してばかりいたせいか、唐突にこう聞いてきた。

「歩いて、何か悟りますか」

一瞬、ドキッとした。今まで聞かれそうで、一度も聞かれたことのない質問だった。

「悟るわけないやろ。悟りたいとも思わない」

ちょっと乱暴だったが、そう答えてしまった。悟るということが、そんな簡単なものではないことを言いたかったのだ。

「そうですよね。ただ、腹減ってたとき、ご飯食べさせてくれた人がいたんです。感謝というか感動しました」

彼とは清瀧寺の上り口まで一緒に歩いた。清瀧寺は山の中腹にある。ふもとまで行くと、連続歩行はもう限界だった。大きな石が積んであったので、

「おれはここで休んでいくよ」と言って別れた。目の前に自販機がある。彼には種間寺で「なにか飲みたいなら、お接待するよ」と言ったが、「いいです」と何度も断った。また、遠慮するのに決まっていたから、自分だけ飲むのもイヤで別れたとも言える。

石にハンカチを敷いて座っていたら、二十七番への道で出会った長久さんが下りてきた。何日ぶりだろう。すっかり話し込んだ。

「夜八時ごろに寝れば二時には目が覚める。支度して四時に出れば、涼しいうちに歩ける」と言う。

清瀧寺の境内でもらったという飴を手渡され、「また……」と言って別れた。しかし、今度こそ二度と会うことはないだろう。

上り始めたら、一七歳の彼が下りてきて、「上り坂きついですけど、距離はないですよ」

長久さんも一度も休まず上がれたと言っていた。確かにコンクリのでこぼこした道に落ち葉はあるが、休まず上ったら、いきなり山門が現れた。

海に架かる橋　　三十六番札所「青龍寺」

七月一三日（火）。

朝から日差しが強い。小さな川沿いに市街地を歩いていると、軽ワゴンのお年寄りが、窓を開けてこう言った。

「三十六番やろ、乗っていくか」

「いやー、結構です。ありがとうございます」

「歩きか……」

すぐに走り去った。

気持ちはありがたいが、そうもいかない。不思議と足の調子がいい。ピッチの速いのが分かる。

山間地に入って休憩所があった。その場所は遍路道を通って標高一九〇メートルの峠を越えるか、このまま県道のトンネルを行くかの分岐点だった。

足の調子はいいが、なにやら山道は入り口を見ただけで薄暗い感じである。結局、トンネルを選んでしまった。この塚地坂トンネルは、長さ八三七・五メートル。車と違い、歩くと実に長い。

トンネルを出てしばらく行くと海に出た。「せっかく高知に来たのに、高知城も桂浜《かつらはま》も行かなかったなあ」と頭のなかでつぶやく。それにしてもこの暑さには参る。

高知県須崎市。左手のトンネルのほかに、右に歩行者用トンネルがある。（7月13日）

間もなく海に架かる宇佐大橋があった。海面よりずっと高いところに架かっている。風も吹いていて、菅笠を飛ばされないよう紐をしっかり押さえて歩く。片側だけについている歩道を行くが、欄干が腰ぐらいまでしかない。眼下を漁船が行く。なかなかスリルがある。下は海だから、お大師さまが寝ているわけもないが、橋だと思うと杖は突けない。

横浪スカイラインと名づけられた道を行くと、立派なパーキングがあった。あずまや風の屋根つきのベンチがあり、荷物を下ろして仰向けに寝てみた。屋根に切り取られた青空が広がっている。そこを白い雲が流れていく。

「あの雲と同じだ。流れていく」と、複雑な思いだった。

「これでは、フーテンの寅さんと一緒じゃないか。いや、稼いでないから、寅さんとも違うか」

濡らしたタオルを顔にかけ、何も考えないようにしていた。

「お遍路さん、お接待です」と旅館の前に書かれていた。冷水かお茶のタンクが置いてある。勝手に飲んで行ってもいいのだが、いまパーキングで飲んだばかりだ。寄らずに角を右折して三十六番青龍寺《しょうりゅうじ》へ上って行った。道には菩薩や観音などさまざまな石像があり、一つひとつにご真言が書かれてある。これは親切である。実際、地蔵菩薩のご真言「おん　かかかび　さんまえい　そわか」などは、ここで覚えた。

境内には団体さんが二組いて、その合間を縫って参拝した。お大師さまも団体さんもこんな汗臭い遍路はいやだろうな、などと思ってしまう。それでもすれ違った団体の一人ひとりに「ご苦労さまです」と声をかけた。

石段の下まで降りてきて、さて次はどうするものかと考えていたら、珊瑚《さんご》の手作りアクセサリーを売る店があったので、声をかけた。

「ここから次へ行く道はどこでしょうか」

「三十七番でしょ。宇佐大橋を渡って……」

作業の手を休めて出てきた主人の言葉に驚いた。

「エーッ、今それ渡ってきましたよ」

「いや、奥の院から山道を行く方法もあるが、あれは厳しい。大橋まで戻って行かれたらいい」

地図を見ると確かに二つのルートがある。要は「浦ノ内湾」の内陸側を行くか外側を行くかである。その主人の言葉に従って、今来た道を戻る。また先ほどのパーキングで休憩。建築関係の仕事をしているというおじさんとしばし話し込んだ。

再び大橋を渡って、海沿いに歩き始めるが暑い。湾が複雑に入り組んでいるから対岸にこれから行く道路が見えている。海を渡ることができれば直線で行けるのに、ずっと遠回りしていかなくてはならない。あまりの暑さにくらくらする。

夕食はファミリーレストラン。客の若者が首にタオルをかけている。女性もそうだ。そういえば、街を行く人、若い人、お年寄り、ドライバー、喫茶店で見かけた人。多くが首にタオルをかけていた。ここらあたりの風習か。いや暑いから汗を拭きやすい。この方が便利なのだろう。

遍路ビジネス　三十七番札所「岩本寺」

七月一四日（水）。

きょうも快晴だ。朝から暑い。朝食なしで早く出て、国道五六号線を歩いてトンネルをいくつか越えた。ドライブインがあったので入ったら、おじさんが一人で切り盛りしていた。モーニングを頼むとパン、コーヒー、ゆで卵、サラダのほかにバナナ、スイカ、メロン、リンゴとフルーツがついていた。これで四五〇円なのは安い。感動ものである。

国道は山間地に入る。車道とはいえ、歩くのはきつい。途中、観光物産センターで休憩。地元の産品を販売するところにしては、涼やかな音色を立てていたいくつもの風鈴が「みちのく風鈴」となっていたのには首をかしげた。続いて道の駅「あぐり窪川」でも休憩。自販機でジュースを買って飲んだ後、ベンチで二〇分ほど寝てしまった。遍路慣れしたなと自分でも思う。

三十七番岩本寺《いわもとじ》は商店街の突き当たりにあった。一車線分ほどの道の両側に魚屋、八百屋、判子屋、床屋などが建ち並ぶ。なにか生まれ育った家の周りに似ていて懐かしい気分になる。昭和三〇年代の商店街と違うのは、アルミサッシの戸や宅配便の幟《のぼり》などがあるくらいで、昔の雰囲気はまだまだ保たれている。

岩本寺で変な光景を見た。学生のような若者が二人、大きな風呂敷包みとバッグを持って現れた。このお寺はユースホステルもやっているから泊り客かと思うと、すぐに納経所に駆け込んだ。中から大量の納経帳、判衣、掛け軸を出す。納経帳だけで一〇〇冊はあるだろうか。

全部、書いてもらうのに四〇分はかかっていた。「ありがとうございました」と礼を言った二人は荷物を抱えて大急ぎで出て行った。

うわさには聞いていた。納経帳が高く売れることをだ。もともと、一カ寺三〇〇円を払って書いてもらっている。つまり、八十八カ所を回ると二万六四〇〇円である。これに納経帳本体の値段を含めて原価である。このご宝印が押された納経帳を欲しがる人がいる。だからビジネスが成り立つ。たくさんの納経帳を持ち込むのはそのためだ。仮に一〇万円で売れれば、一〇〇冊で一〇〇〇万円にはなる。

もちろん、中には体の都合が悪くて自分では巡拝できず、代参ということもある。お寺としても断るわけにはいかないのだろう。そういえば、「香川県に入ってあと少しで満願というときには納経帳の扱いに気をつけたほうがいい」と聞いた。盗まれるからだそうだ。「自分の名前を書いておけば」と言ったら、「そんなものは全く関係ない」とのことだった。

いずれにしろ、買った納経帳などを手に入れて、なんのご利益があるのだろうと普通は思う。むしろ罰当たりではないかと。しかし、そう思わない人もいる。まさに現世である。

二人が去ったあと、納経所に行った。

「大変でしたね、数が多くて疲れられたでしょう」と声をかけた。途中で筆を置き、肩をぐるぐる回す仕草が見えたからだ。

「納経帳は販売禁止になっているんですがね。彼らはお土産にするのだとか、景品だとか言ってましたよ。こんなことではいけないのだけど、たくさんあると、さっさと書いてしまうね」

水さえ飲めば

七月一五日（木）。

市街地を抜けて朝日を浴びて歩いていると、ずっと先に例の一七歳の少年が見える。三日ぶりだろうか。元気に歩いていることが分かってほっとした。話しかけたいが、なかなか追いつけない。逆に後ろから足音が近づいてくる。振り返ると白衣は着ていないが、菅笠をかぶった若い遍路だった。追いつきざま声をかけてきて一緒に並んで歩いた。先を行く一七歳遍路と昨日は岩本寺の駐車場で野宿したという。朝ご飯は、おごってあげたと言っている。

「一七歳であんな真似できませんよ。すごい。彼の人生にとっていい経験ですよ」と感心しきりだ。

そのうち、路肩で靴の紐を結びなおしている少年に追いつき、「おはよう」と声をかけた。向こうもうれしそうにニコニコしている。そこから三人で歩くことになった。私は二人に引きずられるようにどんどん歩いた。ピッチも速い。下りだったこともあるが、五、六キロをあっという間に歩いた。しかし、二人に付いていけなくなり、「先に行って」と声をかけて別れた。

山の中に一軒あったレストランで昼食をとり、長い、長い道のりを行くと海に出た。そこで彼にまた会った。

「バイト先を三時間探したんですが、ダメですね……。仕事はあるみたいなんですが、よそ者を入れたくないという感じですよ。別に漁師だけでなく、ビニールハウスの手伝いでもいいんだけど」

「きょうは何か食べられそう?」

「大丈夫ですよ。何もなければ水飲みますから」

どこまでもたくましい少年である。

この日の夜、「民主党の前代表・菅直人《かんなおと》さんが頭を丸めてお遍路に出た」と、数人の友人と娘がメールを送ってきた。これを家にいるカミさんにメールしたら「ふーん、あんたと同じ心境か」と返信があった。いや、菅さんがどんな心境かは知らない。

置き薬

七月一六日(金)。

民宿を五時半に出た。鍵はおいて自由に出て行ってくれとのことだった。日は昇ったばかりだが、異常に暑い。間もなく民宿のおかみさんから聞いていた朝五時からやっている食堂を見つけて、朝食。そこにいたお客さんが「松林を行くほうが暑くなくていい」とかいろいろアドバイスしてくれた。

街道の途中にあった民家の軒先にかごが吊るしてあり、「お遍路さん　お接待です　イオン水です」と書かれて、ペットボトルが四本入れてあった。合掌して一本もらうことにする。国道五六号を歩いていると、「おはようございます」と声がかかった。小さな神社の軒先で一七歳の少年が半身を起こしていた。

「そこで寝たの」

「そうです」

きのうのうちに、ここまで歩いてきたのだった。声はかけ合ったが、私は歩みを止めなかった。くどくど話す必要もないくらい気心が知れていたからだ。

その後も少年とは二回会った。一回はコンビニにいるのが見え、私も中に入った。

「何かお接待しようか」

「いや、いいですよ、お遍路さんにお接待されるわけにはいかない」

「おれだって、お遍路さんにもらってるぜ」

「いや、本当にいいです。涼みに入っただけですから」

私は、パイナップルジュースとグレープフルーツジュースの二つを買って、「どっちがいい?」と聞いた。

「じゃあ、パイナップルで」と、ようやく受け取った。コンビニの外でまた話した。

「おれ、水飲むからいいですよ。きのう一緒だった彼も一日一食しか食べず、代わりに自販機で一日一〇〇〇円ぐらい使うと言ってました。おれも五〇〇ccのペットボトル三本に水を入れてる。さっきは小学校の水道から水もらいました。一日一〇リットルぐらい飲んでるかもしれない。今朝はパンにバターを塗ったのを食べさせてもらったから大丈夫。中村まで行けばバイトあるかもしれないし」

そのあと、もう一回出会ったあと、二度と姿を見ることはなかった。中村でバイトが見つかったのかもしれない。

サッカー場近くの公園で休憩するなど、休み休みしながら行く。まるで老人の歩きだ。喫茶店はなかったが、お好み焼き屋を見つけた。遍路に出てから一度は食べたかったので、思わず入っていた。若い女性が一人でカウンターの中で切り盛りしていた。

「何にしますか」

「そやなあ、イカにするよ。あとで、かき氷」

日焼けした顔、腕、肩がまぶしい。土佐の女性である。

「すみません、ちょっとだけ待ってもらえませんか、配達に行ってきますので」

「うん、いいよ」と答えたが、すぐに女性は戻ってきた。

「あれっ」というと「知り合いに頼んだので……」と答える。店にも常連客がいる。都市部と違って、地域とのつながりが深いのがよく分かる。

カウンターに座っていたので何気なく棚を見ると、古ぼけた木箱に「富山市舘出　福岡源司」と書いてある。置き薬の箱である。越中富山《えっちゅうとやま》の薬売りが、ここまで来ているのかと驚いた。すぐに、田宮虎彦の小説『足摺岬《あしずりみさき》』を思い出した。老いた遍路と小柄な薬売りが登場する。あの小説は、全体が重苦しく薄墨色の中に展開されているような感じだが、ここは南国の太陽がまぶしい。

かき氷も食べて、元気を取り戻し再び歩く。海岸線なのになんで道が上がったり下りたりするんだ、と心のなかで文句は言ったが……。扇状地で育った者には、海岸線から数十キロも行かないと山には入らないという感覚が染み付いている。だが、四国は海のそばまで山が迫っているところが多い。いや、そんなところを歩いているのかもしれない。

四万十《しまんと》の清流

七月一七日（土）。

昨夜は日本一の清流で有名な四万十川の河口近くの宿に泊まった。二キロ先には対岸へ渡るた

四万十川の河口を渡し舟で渡る。渡し賃は一〇〇円。（7月17日）

めの渡し舟がある。午前八時出航と聞いていたため、七時からの朝食が待ちきれず、五分前に食堂に行ったらすぐ用意してくれた。なにより足が心配で、早め早めに動きたい。

一〇分ほどでご飯を食べてすぐ出かけたら、七時半には着いてしまった。漁船がずらりと並ぶなかに漁師の人がいたので、船着き場の場所を聞いたらすぐ近くだった。小屋に椅子が八つ。腰を下ろした途端、車で来たおじさんが、「乗って」という。「八時じゃないんですか」と聞くと「いいから……」

どうやら、この人が船頭さんらしい。

渡し舟は小型の漁船といった感じで、へさきの方に乗るところがあった。定員一三人とあるが、そんなに乗れるのかと思うほどスペースは狭い。「自転車一五〇円、大人一〇〇円、子供五〇円」などと書いてある。「ポン、ポン、ポン、ポン」とエンジンがかかる。立っていたら「座って」と言われた。舷側に板を渡してあったので、そこに座る。座るとよけいに水面まで近く感じる。

河口というのに、四万十川の水は実に美しい。まるで山の中の湖のようだ。対岸の木々を映し出してモスグリーンに見えるところ、青空を映して青っぽく見えるところなど、人の心をなごませるかのように輝く。わずか一〇分足らずの船旅は風も心地よかった。

対岸に着いて、プラスチックのかごに一〇〇円玉を入れ「ここに入れましたよ」と声をかけたら、すぐ船は戻っていった。こちらも再び歩き出す。最初は、四万十川をさかのぼるような方向のため、なにか逆方向を行っているようで変な気持ちになる。酒屋の前で自販機を開けて商品の補充をしていたおじさんに「おはようございます」とあいさつしたら、

「どちらから？」

「富山です」

「あー、薬売りの」

どこでも反応は同じである。

「きのう、お好み焼き屋さんで富山の置き薬の箱を見ましたよ。こんな遠くまで来ているんだなあと。もっとも、うちには置き薬はないんですけどね」

「あはは……、そうやね。私ら四万十が清流だと言われても、本当に清流かと思ってしまうもの。地元ってそんなものだね」

「道はこのまま真っ直ぐですか」

「向こうに青い屋根の倉庫みたいのが見えるでしょう。あそこから左に行く遍路道があるんですよ」

聞いてよかった。お礼を言って先を急ぐことにした。

その遍路道は田んぼの中を通る道だった。平和でのどかな感じがする。途中から四万十川の支流となっている川に沿ってさかのぼる。川幅は五メートルくらいあるが、水量が少なく深さは一〇センチほどしかない。驚くべき透明さで、アユが群れていたり、カニがすばしっこく川底を歩いていたりするのがよく見える。シオカラトンボがチョンチョンと卵を産みつけている。さらに行くと、洗濯しているおばさんもいた。昭和三〇年代始めまで全国どこの地方でも見られた風景である。高度経済成長に伴い、世の中は変わった。なのに、四万十川は昔のよさを維持した。やはり清流である。

よせばいいのに

間もなく国道三二一号線に出た。ひたすら上り続ける。例によって歩道のある方を右へ行ったり、左へ行ったりしながらだ。その先に、長いトンネルがあるのは地図を見て分かっていた。新伊豆田トンネル、一六二〇メートルである。ここは両側に歩道がある。幅はまあまあだが、なぜかクラッときて車道側によろけかねない。精神的なものだろうか。ただ、暑い日差しが避けられるのはありがたい。

かなり歩いたつもりだったが、表示を見るとまだ四一〇メートルしか進んでいない。半分まで来たところで、緊急の待避所があって幅が広くなっていた。そこに制御盤と書かれた八〇センチ四方ほどの金属製の箱があり、マジックで落書きがされていた。

「よせばいいのに」

一瞬、ドキッとした。これほど、いろんなことを考えさせてくれる落書きはついぞ見たことがない。遍路のことだろうか、それとも男女のことか。

トンネルの先に小さな窓のように出口が見える。歩いてもなかなかその窓は大きくならない。

「よせばいいのに……か」と、そんなことを延々と考えながら歩いてようやく外に出たら、電柱のところに設置してあった金属製の箱にまた同じ落書きがあった。

「よせばいいのに」

この言葉は、あとで数百キロ離れた山の中の遍路道でも見かけることになる。

水車のあるドライブインで、かき氷を食べて外に出ると、立派な公衆便所があった。中にベンチがある。掃除も行き届いている。そばには遍路休憩所。ここは、ベンチではなく木の台が置いてある。前にも言ったが、休憩所とすれば最もいい施設だ。畳一枚くらいのスペースがあるから、横になれて楽チンだ。風が心地よい。疲れからか完全に寝てしまった。

ふと気がついた。どれだけたったのだろう。時計代わりにしている携帯電話の時刻表示を見ることもなく、遅れを取り戻そうとピッチを上げた。幸い、きのうの宿で温泉に入ったせいか、足はまあまあ順調だ。この遍路旅で何度か温泉に入ったが、確かに翌日は足の具合がいい。これまであまり温泉効果というものを信じていなかったが、効能があることがよく分かった。

世間では、温泉でもないのに温泉とうたっていたとして不当表示が問題になったが、そうしたところに入った場合、足の具合はどうなのだろうか。

間もなくして海が見えた。いよいよ足摺岬が近づいてきた。海の青さが目にしみる。岩場に波が砕け散るのはいくら見ても飽きない。海沿いの道をどんどん行くと砂浜になったところで、サーフィンをやっている若者たちがいる。地図には、遍路道として砂浜を歩くコースが書かれている。国道のほうが歩きやすいと思っていったん行き過ぎたが、結局Uターンした。テレビドラマで砂浜を歩く遍路を見たことを思い出したからだ。そんなロマンチックな情景にひかれて砂浜におりた。

ところが、砂に足がめり込んでひどく歩きづらい。そこで波打ち際を歩くことにした。ここなら砂が固まっているだろうと思ったからだ。確かに全然違う。舗装路より、砂利道より、山道よりはるかに歩きやすい。打ち寄せる波に気をつけながら、まさにロマンチックな気分で歩いた。

途中、ビニールの雨具を敷いて座った。海は近くが水色、遠くがやや緑がかったマリンブルー。ごくわずかな海水浴客とサーファーは遠くにいて、声は聞こえない。打ち寄せる波の音だけが支配するなか、さまざまなことを考えた。生きるってどんなこと、どう生きるのが後悔しないやり方か……。

風が砂を体に吹き付ける。少し痛いくらいだ。しかし、それさえ気にならなかった。

「さあ、もう少し」と、元気を出して歩き始めた。地図には国道に上がるように書いてある。ところが上がり口が分からない。海岸はこの先、岩ばかりになる。

そこに若いカップルがいた。

「すみません。国道に出たいんですが。どこから上がるのでしょう」

「あー」と、男性が立ち上がった。そして、一〇〇メートルほど先を指差して、

「あそこにビニールのようなものが見えるでしょう。あそこから上がるんですよ」

確かにごみの山のようなものが見える。

「はい、分かりました。ご親切にありがとうございました」

「どちらから来られたんですか」

「富山です。頭を丸めたら、そう簡単には帰れなくなりまして」と冗談を言ったら、

「私たち四十五番の近くに住んでいて、ここへは海水浴に来たんです。暑いけど頑張ってください」

「足が悪くてなかなかですが……」

「そうですか、ぜひ頑張ってください」

男性は何度も何度も励ましてくれた。女性もこちらを見て微笑《ほほえ》んでいる。若いのになんという優しい心根の持ち主だろう。

その言葉に励まされて、砂に足を取られながら一歩一歩慎重に歩いた。一カ所海水がたまっているところがあり、岩をよいしょと上って越えた。ビニールと見えたのは空き缶などと一緒になったごみだった。一〇メートルほど先に上り口らしい木が生えていない場所があった。

カップルに頭を下げようと振り向いたら、男性が手を振っている。ちゃんと行けるかどうか、間違わないかどうか、ずっと見ていてくれたのだ。私は深々と頭を下げた。そして、上り口のところで再び振り向いたら男性も女性も手を振っている。声が届く距離ではない。もう一度深々と頭を下げて「このカップルが幸せに過ごせますように」と祈った。

民宿「星空」を予約したのは、その名前からだった。中学以来、天体写真を撮ったり、星空をながめるのが好きだったし、こんな素敵な名前をつけるのは、きっと経営者の心が美しいのではという想像からである。

国道沿いのその宿に着くと、奥さんが出てきて部屋に案内された。どうやらこの日の客は私ひとりなので、ふすまを開け放した二間を使わせてもらえるらしい。座るなり氷の入ったお茶とスイカ三切れを出された。歩き遍路にとって最高のもてなしである。部屋の中にさわやかな風が吹き抜ける中、すぐにかぶりついた。

ご主人が「洗濯物を出してください」と再三にわたって言う。風呂に入ったとき脱いだものをかごに入れて外に出しておいたら、あとでご主人が部屋の窓際に洗濯物を干しにきた。奥さんでなくご主人が洗濯したことが分かった。

「すみません、このあたりでタバコ売っていませんか?」

遍路に出るとき禁煙を試みたが、二日目で挫折していた。

「ちょっと遠いから買ってきますよ」

「いや、それは申し訳ないので……」

「バイクで行くから。ただ、私吸わないので、どんなのがいいのか……」

私は三〇〇円と空き箱を渡して、好意に甘えてしまった。ご主人は私よりはるかに年上だ。客のためにできることをするという気持ちがありがたかった。

善根宿　三十八番札所「金剛福寺」

七月一八日（日）。

窓を開けて寝たら涼しい風に朝方一度、目が覚めた。きょうも快晴。六時過ぎには朝食を食べて、リュックを置いて出かける。足摺岬まで行って戻ってくるからだ。岬の西側を回って先を目指すルートのほうが景色は美しい。しかしそれはかなりきついからと、打ち戻りを勧められたのである。同じ道を戻ることを「打ち戻り」という。そこで、今晩も「星空」に泊まることにして往復する。片道一三キロ、往復二六キロ。私の足ならちょうどの距離だ。

「お父さんが、道案内をすると言って待ってる」と奥さんの声がした。外へ出たら、ご主人が自転車を出して立っている。

「近道教えるから」

相変わらず口数は少ないが愛情はこもっている。

「だいたい分かりますから一人で行けます。申し訳ないし……」

「大丈夫ですよ」

ご主人は道路を横断して、狭い道をどんどん行く。もちろん、自転車を押しながらだ。途中から急な下り坂となり、一　分近く歩いて漁港に出た。ここで、ご主人は自転車を止め、

「あの橋を渡って、二つ目の谷のところに遍路道があるから。そこを上がると一車線の道に出る。

さらに行くと足摺への県道に出ますから」

ありがたいと思う気持ちと同時に、「お父さんは、さっきの急坂を逆に自転車を押して上っていくのか」と、申し訳なく思う。

遍路道は、うっそうと茂った林の中の岩だらけの道だった。坂を上りきると確かに一車線の舗装路に出た。狭いため車が来るとわきによけなければならない。そうこうするうちに二車線の道路に出た。あとは、延々と岬へ向かうだけだ。

窪津漁港を越えて、急な上りの遍路道を少し行くと再び県道に出る。二車線で歩道付きだったが、途中で一車線になったり、また二車線になったりする。整備が途中段階なのだろうか。一車線のところでは車が来るたび、脇によけるが、その脇も余裕があまりない。車はスピードダウンして横をすり抜ける。

道がカーブしているところに「氷」の旗が見えた。遍路休憩所とある。白いあご髭のおじいさんが、「休んでいきなさいよ」と声をかけてきた。

「かき氷あるんですよね。何あります?」

「レモンとか……」

「じゃあ、レモンください」

「二〇〇円いただいているんですが」

足摺岬へ向かう途中にある無料で泊まれる善根宿。土地所有者が、善意で建てた。（7月18日）

五〇〇円玉を渡すと、「ここではやっていないから、ちょっと待って」と、歩いていってしまった。なんだか変である。

よく見ると、そこは「善根宿」とか「無料で泊まれます」とも書かれてある。善根宿とは、遍路に一夜の宿を無料で提供する宿泊施設である。つまり善意の塊みたいなものだ。

戻ってきたおじいさんは「今、開店したばかりなので少し待ってください。ゆっくりしてください」という。

しばらくすると、かき氷と、おつりの三〇〇円を持ったおばさんが来た。どうやらカーブの向こう側に店があるらしい。

おじいさんが聞いてきた。

「何回目ですか」

「初めてです」

「わたしは六回目」

「えっ、お遍路さんだったんですか」

「そう、ここへ来るたび、一〇日間ほどいて手伝いしてる。まあ管理人みたいなものだよ」

群馬県高崎市の高橋寸草さん、六七歳という。

「足摺岬では、もう野宿できない。前に悪い遍路がいてね。酒を飲んでどんちゃん騒ぎしたり、タバコを投げ捨てたり、うどんをぶちまけたり。で、泊まることができなくなった。しかし、足摺は遠いから、どこかに宿がいる。そこで、ここの地主が間伐材を利用して自分で建てたんだ。去年の五月二四日にオープンして、それから建て増しして、こうなった」

私が座っている椅子とテーブルの向こうには、いろりが切ってあり、二人は寝られる。それが最初に建てたところだという。さらに左手の方に、二畳ほどの台があり天井から蚊帳《かや》が吊《つ》ってある。それにソファ。ここが三人だ。つまり計五人が宿泊できる。工事現場で使うような移動式のトイレもある。「水風呂もあるしなあ」と言われてみると、すぐ横に深いキッチンシンクのようなものに水が張ってあった。

最近は女性遍路のために別棟の小屋も建てたという。こちらは素泊まり一〇〇〇円をもらっているとのことだった。まるで、本館、新館、別館のようなものだ。

高橋さんの話は続く。

「遍路は年間三五万人とも四〇万人とも言われる。新聞なんかだと五〇万人と言っている。このうち歩きは一〇年前だと四五〇人だったが、いまは四〇〇〇人だ。だから民宿なども歩き遍路で商売になってきた」

さまざまなことを教えてもらい、「帰りにまた寄ってよ」との声を背に、岬を目指すことにした。まだ半分しか来ていないのである。

足摺岬への道は舗装されているものの上り下りが結構ある。ところどころ遍路道の入り口の標識があるが、聞いていた通り、あまり効果的ではない。つまり、県道を歩いているほうが楽で近いのである。もちろん、修行ということになれば、昔の道を行ったほうがいいのだろうが、そうも言っておれない。高橋さんが言った通り、車道がヘアピンカーブして遠回りするところだけ、遍路道だと短縮できるというので、その通りに歩いた。

足摺岬は学生のときに一度来ている。木々がトンネルのようになっているのを見て記憶がよみがえった。観光地でもあるので、三十八番金剛福寺《こんごうふくじ》の周辺はにぎわっている。レストランなどがいくつもある。

型通り参拝した後、納経所へ行ったら、寺の女性が丁寧に書いてくれたうえ、「歩きですか」と聞いて「それなら、お接待します」と日本手ぬぐいを渡してくれた。「諸堂・庭園・参道等改修再建に御協力。御寄進有難うございます」と書いてある。お礼に配ったものなのだろう。

岬の断崖に立つ真っ白な灯台を見に行った。亜熱帯の植物が生える遊歩道を通り、展望台にも寄った。ここからは灯台とその先の広大な海が見える。お天気カメラがあった。台風などのとき足摺岬が映るのはこのカメラなんだなあと思う。

どういうわけか、帰りは速かった。途中、また車道のヘアピンカーブのところを遍路道を通って上がった途端、キャスターつきの荷物を引いて歩いている白いあご髭のお遍路さんに呼び止められた。「この道は、長いですか」

「車道のヘアピンの短縮だけで短いですよ」と答えると、荷物をかついで下りていった。このお遍路さんとは、旅の終盤まで何度となく会う縁のある人だったが、このときは一言、言葉を交わしただけだった。

再び善根宿に寄った。中間地点なのでゆっくり休んでいくことにする。しばらくすると高橋さんが戻って来た。何か作業をしていたらしい。冷蔵庫から水の入ったペットボトルを取り出して一口飲み、「甘露、甘露」とうまそうに言う。午前中の話の続きが始まった。

「歩き遍路が四〇〇〇人と言ったが、まずは十二番の焼山寺へ行く道で三人に一人が脱落する。あと鶴林寺（二十番）から太龍寺（二十一番）でまた脱落する。で、この足摺まで来たら自信がつく。イヤなのはお接待慣れだ。最初はミカン一つもらってもありがたいと思う。それがいつしか、何かくれないのか……となってしまう」

「そういう人もいるんですね……。私は道を教えてもらうだけでもありがたくて。四国の人に感謝しっぱなしですよ」

かっこつけたのではなく、心からそう思っていた。

「今の若い者は、食料も何も持たずにここへ来る。この間も五人来たが、誰も何も持っていない。仕方がないから自分が持っていた野菜と、うどん粉で雑炊みたいのをつくってやったら『おいしい、おいしい』とは言うが、『ありがとう』とは言わない。翌朝、『さようなら』で終わりや。いまは暑いから炊かないが、いろりにしてもそうだ。山へ入って乾いた木を拾ってきて、これなら一カ月分はあると思っても、二週間しかもたない。わしらは八時ごろで火を落とすが、彼らは一〇時ごろまで炊く。第一、火のつけ方も知らん。太いマキを五、六本出して直接マッチで点《つ》けようとして、点きませんと言ってる」

笑えない笑い話である。マキでご飯を炊いたり、風呂を沸かしていた時代と違う。私もかまどの番をさせられた世代であるが、今の若い人はスイッチを入れれば、いつの間にかご飯が炊けている時代に育っている。基本的なことがすっぽ抜けているのだろう。

高橋さんは、私がいろいろと聞くせいだろうか、こんなことを言い出した。

「あのなあ、遍路に向かって、なぜ遍路に出たかなんて気軽に聞くもんではない。みんな、いろいろな事情があって重いものを背負って遍路に出ているからだ。ただ、親身になって何時間も話を聞いてあげられるなら別だよ。話すことで気が楽になるから、それは慈悲だ。しかし、興味半分に聞いてはならない」

重い言葉だった。

「さあ、宿に戻ります」と腰を上げると、「『星空』まではまだかなりある。二時間半はかかるから。気をつけて」と言ったあと、「身ぎれいにしておられる。遍路はこうでなくっちゃ。ねずみ色の格好で来られるとがっくりくる」

意外にも褒められてしまった。「社会は卒業した」という不思議な人だった。

「星空」にはお遍路さんが一人到着していた。この人とも後に何度か会うことになる。

自販機病　三十九番札所「延光寺」

七月一九日（月）。

海の日。きょうも朝から暑い。

きのうは身軽だったが、再びリュックを担いで歩き出す。「打ち戻り」で延々とバックだ。足の状態はまあまあである。ルートについて宿の奥さんが、

「水車のあったレストランまで戻って山道に入りなさい」という。

「その前に山に入る道があるでしょう」と答えると、

「ここで泊まった人はみんなそうしている」

「打ち戻り」のせいか、足摺岬へ向かうお遍路さんとよく会う。青年もいれば、若い女性もいる。「あと一四キロちょい」と声をかけると「ありがとうございます」と返ってくる。これまで同方向を歩いているから、なかなか遍路と会わなかったのかもしれない。ところが、三人と会ったあとは、ぱたりと止まった。考えすぎだったのだろうか。

道の脇に中年の男性が座り込んでいた。手ぶらでポロシャツを着ている。遍路でないのは一目瞭然だ。とりあえず、あいさつだけして通り過ぎた。しばらく先まで行って休んでいたら、その男性がやってきた。

「中村まで遠いかね。観光で来たんだけど、お金落としてしまって……。こんなに歩いたのは生まれて初めてだよ」

「そうですね、歩いたら三時ごろになりますよ」

「ウェ……、そんなにかかるのか」

かわいそうに思って、バス賃ぐらいお接待しようかと、

「バスで行かれたらどうですか」と聞いた。

「いや、バスが全然来ない」

「きょうは海の日で祝日ですからね。ダイヤも違うのじゃないですか」

「そうか、そうだったのか。まあいい。じっとしているのがイヤなたちだから先に行くよ」

その人はどんどん行ってしまった。

下ノ加江川の河口にある橋のたもとに来た。標識で三原村方面の入り口が示してある。念のためにそばにいたおばあさんに「三原村方面は、そこから入っていけば近いのですか」と聞いてみた。水車のところまでまだ五キロ以上あるが、これが近道ではないかと考えたのだ。おばあさんは、「そこから行ける」と答えた。さらに道の上り下りがきつくないか聞いたところ、道幅は一車線だが上り下りはないとのことだった。それで、ベンチで少し休んだあと歩き出した。

あとで、地図をよく見るとやはり「星空」の奥さんが言った「水車まで行って山に入る」ほうが、一キロ以上近かった。しかし、そのときは、目の前の標識にひかれてしまった。

歩き始めると民家もなく田んぼばかり。もちろん、自販機はない。分岐点で飲み物を買っておけばよかったと後悔したが、後の祭りだ。ところが道の途中に一台あったのである。大喜びで五〇〇ccのお茶を一つ買った。もう一つ買おうとしたら車が止まったので、遠慮して二本目は買わずに歩き出した。これが大きな失敗だった。

県道とはいえ、山道である。木々が日差しをさえぎって少しは助かるが実に暑い。足もだるく一向に距離が稼げない。ようやく土佐清水市と三原村の境界近くにある河内神社に着いた。集落の小さな神社である。その石段にへたり込んだ。お茶は半分になるまでは、ちびちび飲んでいたが、それ以降は口に含んで長持ちさせることにした。

道は時折、広い歩道付きの二車線になることもあるが、おおむね一車線である。車は三〇分に一台ぐらいしか通らないから、これでもいいのだろう。この道で車に轢《ひ》かれたヘビの死骸を三度も見た。「いやだなあ」と思っていると、ついには道路を横断している健康そうなヘビまでいた。薄茶色の悠々とした姿は、前に焼山寺への道で見たヘビより細身だが伸ばせば六〇～七〇センチはあるだろう。私の杖の振動に気づいたのか急速にスピードを上げ、落ち葉のたまっている路肩にたどりついた。ところが、あいにく私の進む方向へ逃げる。仕方がない。追い抜くしかない。その後、ヘビがどうしたかは知らない。

のどは一段と渇く。舌の先と口の中の上あごがくっつく。そして舌の奥のほうまで渇いてきた。集落が見えた。間もなく遍路小屋があるはずだ。その集落で、勝手口の扉を開けていた奥さんがいた。

「遍路小屋はこのあたりですか」

「そこ曲がったとこですよ」

「水ありますか」

「そうやね……、なかったと思うけど」

このとき、素直に水を一杯くださいと言えばよかったのだ。小屋まで行けばまた何とかなるだろうと甘い考えを持っていた。きょうはすべてが裏目に出る。「そこ曲がったとこ」は、不思議なくらい行っても、行っても曲がりきれない。一八〇度どころか三六〇度も回ったような錯覚にとらわれる。

あった……。孟宗竹《もうそうちく》で屋根と囲いをつくり、ベンチも竹を半分に割ったものを並べて出来ている。水はない。仕方なく貴重なお茶を一口だけ口に含むと、どっと疲れが出て、横になった。半円状の竹で背中が痛かった。

もともと水分をそんなにとる方ではなかった。遍路に出てからも最初のうちは、たまに自販機でお茶を買っていた程度だ。ところが、焼山寺への道中に水を持っておらず、沢の水で我慢したということがトラウマになった。あのころは気温はそれほど高くなかったが、湿気が多く、いっぱい汗をかいた。まさに頭からかけているタオルは、ちょっと歩くだけでも絞らないと汗を吸えないというくらいびしょびしょになった。白衣もそうだ。

今はそんなに汗はかかない。暑さに慣れたこともあるのだろう。なのに、いつしかものすごい量の水分をとるようになってしまっていた。最初は一二〇円の三五〇ｃｃ缶を買っていたが、すぐに五〇〇ｃｃ缶ばかりになった。たまたま、期間限定で一〇〇円で買えるスポーツドリンクもあり重宝した。飲みきれない分は、リュックに入れてある空のペットボトルに残りを移し替えた。

いつしか、それが切れると不安になった。市街地ならともかく、遍路は山間地を歩くことが多い。そこで「自販機はどこだ、自販機は」と、まるで餓鬼道に落ちたみたいになる。遠目に赤いものがあると、「あった……、あそこまで休まず歩こう」となる。ところが、近づいてみると、自販機ではなかったりする。まるで、砂漠でオアシスの幻影を見るようなものだ。

民宿「星空」で二日目に一緒になった高山のおじさんも、

「めちゃくちゃ飲むようになってしまった。一時間に一回休憩するたび、五〇〇ccのペットボトル一本飲んでしまう。だから疲れるのだろうか。水腹になってご飯もあまり入らない。これは癖だな。よし、明日からは飲まずに行く。一緒に歩いたイスラエル人が水を飲んでいるところなど見たことない。まあ、砂漠の民というほかに軍事訓練もあるのだろうが……」と言っていた。

同感である。

それはともかく、現実ののどの渇きはいかんともしがたい。ペットボトルのお茶も残り二センチほどになっている。

めったに車が通らない道だが、軽トラックがやってきた。手を挙げて止めた。

「すみません、この近くに水の出ているところか、自販機ありませんか」

「あるよ」と、そのおじいさんはいとも簡単に答えた。

「何キロ先ですか」

「いや、歩いて五分だな」

「あー、ありがとうございます」

その言葉に駆けるように歩いた。実際は駆けることなどできないが、心は駆けていた。

七、八分歩くと民家があって、庭のホースから水がどんどん流れ出ている。湧き水なのか。声をかけようとしたが、ひっそりとしている。道の脇であり、柄杓《ひしゃく》も用意されている。家に向かって合掌し、両手ですくって飲んだ。一回に二口ずつ、いったい何度すくったことだろう。「がぶ飲みはバテるもと」と本に書いてあるが、くそっ食らえだ。一リットルぐらいあっという間に飲んだ。さらにペットボトルにも詰めた。また、民家に手を合わせ歩き始めた。

ところが、おかしい。

のどがまた、ひりつき始めた。あれだけ飲んだのにカラカラだ。体の感覚がおかしくなったのか……。遍路に出て初めて、体に危機感を覚えた。

そんなとき、愛媛ナンバーの乗用車が私を追い抜いて二〇メートルほど先で止まった。車が通ることさえ三〇分に一度程度だ。それなのに先ほどの軽四に続いてきた。車から初老の男性が降りてきた。

「よかったら乗って行かれませんか」

車のお接待で声をかけられたのは久しぶりだ。とっさに修行僧の言葉を思い出した。「一回は、歩き遍路だということを告げて断りなさい。しかし、それでも勧められたら、乗ってもかまわない」

しかし、断る言葉が出てこなかった。

「すみません。本当に助かります。ありがとうございました」

「荷物は後ろに入れましょう」と、トランクを開けてもらい、身軽になって後部座席の人となった。助手席には奥さんがニコニコしている。地獄に仏とはこのことだろう。

「歩き遍路さんに声をかけるのは、こちらも気にはなるんですよね。歩くのが修行ということは分かっていますから。でも、乗られる方もおられますから」

こちらを気遣ってか、そんなことを言ってくれる。

実は、水がなくて苦労していたこと。今しがた、ようやく水にありついたこと。なのに、のどが渇いてどうしようかと思っていたことなどを話した。すると「もっと前に会っていればよかったですね……」と。

私は、富山から来たと告げて今までに出会ったお遍路さんの話などをした。車は宿毛《すくも》市に入っていた。距離にして一〇キロほどだろうか。あっという間に着いた。またワープしてしまった。交差点で下ろしてもらい、お札を渡して丁寧に礼を言った。そんな礼ぐらいでは済まないほど、感謝の気持ちでいっぱいだった。「三十九番延光寺《えんこうじ》さんは左の方へ行けばいいですから」と道も教えてもらい、その車は右折していった。見えなくなるまで私はそこを動かなかった。

山の中から急に町の中に出た。突然、映画の場面が転換したようなもので、不思議な感じである。交差点に立派な休憩所つきのバス停があった。のどの渇きを癒そうと、自販機で三本もお茶やジュースを買って飲んだ。延光寺の門前にある民宿に予約の電話を入れてから、延光寺に向かって歩き出した。

戒律破り　四十番札所「観自在寺」

七月二〇日（火）。

朝、目が覚めるとすっかり体調は戻っていた。早い朝ごはんを食べて、六時一五分には出発した。昨夜、ここのおばあちゃんから「あすは、おにぎり持っていく？」と聞かれたが、断った。きょうは国道五六号線沿いを歩く。食べないでもいいし、腹が減ったらどこか食堂に入ればいい。これまでもあまり昼食はとっていない。

登校する子供たちに「おはよう」と声をかけて歩く。すると「さよなら」というあいさつが次々と返ってくる。そんな言い方をするところなのか、とも思う。

体力は回復し快調に歩く。ところが、急に腹具合がおかしくなってきた。松田川の橋をわたっていると大きな民間病院が見えてきた。あそこでトイレを借りるか……と思っていたら、急に腹痛が治まった。となると、駐車場を越えて病院まで行くのが面倒になる。まあ、これからは市街地だ。トイレはどこでもあるだろうと、たかをくくって歩いた。

そしたら案の定、また便意である。喫茶店は探し始めると意外にないものだ。我慢しながらきょろきょろしていると、信号で立ち止まったときに、脇道を入ったところにあるのを見つけた。営業中と看板が出てるのに、ドアには準備中となっている。聞いたら、もう開いているとのこと。また、便意はおさまっていたが、アイスコーヒーを飲んだ後、トイレを借りた。

ようやく落ち着いて歩行再開である。すると道の反対側から六〇歳ぐらいの女性が歩いてきて、

「お接待です」と千円札を差し出した。

「えーっ、いいんですか、こんなにたくさん」

「いいんですよ、わたし回れないから、こうしてお接待させてもらっているんです。どこから来られましたか？」

「富山です」

「そうですか、大変ですね」

「足が悪いので、なかなか歩けません。よくまあ、ここまで来たものです」

「ずっと歩いてるんですか」

「えっ、え……」

今までうそをついたことなどなかったのに、突然、そう言われて、どぎまぎして肯定するようなことを言ってしまった。千円もいただいて、きのうも車に乗った遍路では申し訳ないと瞬時に考えたのだ。いずれにしろ戒律を破った。

巡拝に当たって特に重要なのが「十善戒」である。殺生してはいけないとの「不殺生」、盗んではいけないとの「不偸盗《ふちゅうとう》」などの教えがあり、その中に「不妄語《ふもうご》」といって「偽りを言ってはいけない」戒律がある。「十善戒」は、参拝のときに団体遍路さんたちが先達のリードで唱えているし、経本にも載っている。

お札を言ってお札を渡したら、その女性は財布の中に入れた。ほかの多くのお札を見せてくれた。再び歩き始めたが、しばらくは後味が悪かったのは言うまでもない。

市街地を外れ、上り坂にかかっていると、向こうから自転車に乗った、白いあご髭のお遍路さんが来た。自転車の荷台には荷物が山積みだ。「おはようございます」とあいさつだけしてすれ違った。そしたら数分後に、全く同じように白いあご髭をした自転車のお遍路さんに会った。少し立ち話をしたら、遍路は今回で二六回目だと教えてくれた。「すごい」の一言である。こちらは白いあご髭だけ同じだが、初心者というより素人だ。

上りがきつくなってきた。暑い。足が痛い。たまらん。急に大きな標識で「愛媛県一本松町」と書いてある。ついに来た。室戸、足摺を抱える長い、長い高知を出た。標識のそばに小屋つきのバス停があった。ベンチは三方向についているし、テーブルもある。隣には自販機。ここは当然、休むに限る。

横になりたかったが、国道沿いで格好が悪いと思って座っていたら、手押し車に荷物を満載したお遍路さんがやってきた。あいさつしたら、小屋に入ってタバコに火をつけた。ずいぶんと高齢に見えたが、七三歳。一九回目の巡拝だという。手押し車のタイヤがパンクして困ったとか、特殊なタイヤなので修理するより丸ごと買ったほうが安いとか、四国一周でダメになるとか、いろいろ話を聞いた。

私が「足が悪くて一日に二〇キロか二五キロぐらいしか歩けない」と言うと、

「それだけ歩ければ十分や。急ぐ旅ではない。八十八カ所を三五日で回ったという人もおるが、焼山寺で大きな杉の木があったことも知らん。それぞれのお寺の特徴でも見ていってほしいが、そんな余裕もないのだろう」

さらに、こう続けた。

「私の同級生には寝たきりもおる。こうして回れるだけありがたい。お接待を受けることもありがたい。だからいい加減な回り方はできない」

その言葉を聞いて、きのう車に乗ってしまった自分を恥じた。それに「地獄に仏」とか、「お大師さまが窮地を救ってくれた」と勝手な解釈をして自分を納得させていたことも反省させられた。

さっき、白い髭のお遍路さん二人に会ったことを話すと、二人とも知り合いだという。

「あとの人は山本さんというのや」

どうやら遍路仲間では有名な人らしい。

「あなたは何回目ですか」

「いいえ、初めてです」

「そうですか、立派な髭をしておられるので……」

これにはまいった。頭を丸める数日前から伸ばしているが、髪の毛よりはるかに成長が早い。それも年齢の割には、あご髭が白いため、ずっと年配に見られるのだろう。

この先の休憩所のある場所などを教えてもらい、一緒にバス停を出た。この人は逆打ちである。彼は高知へ向かい、私は愛媛へ。二度と会うことはない。一期一会である。

山道にあったラーメン店で昼食をとり、一本松温泉と書かれた看板のところで休憩。ここで、今日の宿を予約する。ビジネスホテルに電話して歩き遍路だと告げると「巡拝の方は一〇〇〇円割引になります」という。とにかく、安心して四十番観自在寺《かんじざいじ》に向かう。

城辺町に入り、市街地を流れる僧都川のたもとで、方向が不安になった。おばさんに聞いて、さらにおじさんにも聞いた。念には念を入れないと失敗する。おじさんは二つ目の信号を右へ真っ直ぐ行けばいいと教えてくれた。ところが商店街を歩いているのだが、最初の信号もなかなかない。一キロほど歩いてようやく見つけた。足がもう上がらない。人通りもあって恥ずかしいが、とぼとぼと歩くしかない。二つ目の信号も遠かった。

観自在寺は町の中だ。実は学生時代に泊まったことがある。お寺がユースホステルをしていたからだ。しかし、かすかに残っていた記憶とはあまり感じが似てなかった。

鐘楼に「一人一つき」とある。何回も鐘を撞《つ》く人がいるのかなあと思いつつ、合掌してから慎重に撞いた。

「ゴーン」

透き通った余韻のなか、また手を合わせた。遠くへ吸い込まれていくような感じがする。

そこへバスの団体さんがきた。大きな団体である。女性の先達さんに案内されて次々と境内に入ってきた。その途端、「ゴーン、ゴン、ゴン、ゴン、ゴン、ゴン、ゴン」と鐘が撞かれた。

一人一つきには違いない。だが、誰もが自分も鐘を撞かないと損だとばかりに、次から次へ。まるで火事場の半鐘だ。余韻もなにもない。早々にお参りを終えて宿に入った。

◇

長かった高知を抜け、「菩提の道場」と言われる伊予・愛媛に入った。お寺の数から言えば半分まで行ってないが、距離ではすでに半分以上だろう。亀のようにのろいが、まさに慌てる旅ではない。多くの人と出会えたこと、話し込んだこと、これらがすべて財産だ。

「修行の道場」の土佐を過ぎても、まだまだ修行は足りないが、少しは気持ちに変化が起きている。素直になんでも感謝する気持ちがより強くなり、逆につまらないことに一喜一憂することの無意味さに気づいたからである。

一日の間に、「ありがとうございます」を何度言うようになっただろうか。

人生って何だろう。生きるとはどういうことなのだろう。大事なのは、素直な気持ちに戻ることではないのか。そんなことを思いながら、お大師さまとの同行二人は続く。

二〇〇万歩

七月二一日（水）。

炎天である。きのうの体調不良を踏まえて、一八キロ先の宿までに決めていたから、少しは気分が楽だ。引き続き国道五六号線を行く。上りに差し掛かったころから風が強くなった。それも向かい風だ。菅笠が飛ばされないよう、紐を締めなおして歩く。気温は相当高いのだろうが、風のために汗はそれほどかかない。

峠を上りきったら真っ青な海が広がっていた。どうしてこんな色をしているのかと思うほどの

峠を登りきったら真っ青な海が広がっていた。愛媛県内海村。（7月21日）

マリンブルーである。御荘町から内海村に入る。村とはいえ、中心部はなかなか立派な建物がいくつもある。

トンネルに差し掛かったら、工事中で片側交互通行だ。歩行者はどうやって通るのだろうと思っていたら、横に少し小ぶりのトンネルがある。赤い旗を持って交通整理をしていた人は無線で連絡中のため、身振りで「こっち？」と聞くと、手で「どうぞ」と指し示してくれた。

そのトンネルのところには「原付以上は通行不可」と書いてある。つまり歩行者と自転車用ということか。表示板には『内海ふれあいトンネル』一九九二・八、長さ九五〇m、幅四m、高さ二・五m」などと記されている。中は、蛍光灯がついていて普通のトンネルより、はるかに明るい。事故や排ガスの心配もないし、強い日差しをさえぎって歩けるのが何よりうれしい。壁にはところどころ、モザイク画で、マンボウなど海の魚の絵が描いてある。地面には一〇〇メートルおきに残りの距離が表示してある。

試しに一〇〇メートルを何歩で歩いているかを勘定してみた。最初が一五六歩、ついで一五七歩、次が一五八歩である。あとは一五九歩で安定した。つまり、一歩は六三センチのようだ。通常、身長から一メートルを引いたのが歩幅と言われるから七〇センチぐらいのはずだが、毎日長距離を歩いているからこんなものかと納得する。

歩き遍路は、車道より直線的な遍路道を行く。このため車を使って八十八カ所を回ると一三〇〇キロだが、歩きなら一二〇〇キロと本に書いてある。ということは、全部回ると一九〇万歩ということになりそうだ。もっとも、山道はこんな歩幅にならないから、おおよそ二〇〇万歩と考えればいいのかもしれない。

杖は四歩に一回突いているから、五〇万回突くことになる計算だ。すでに先っぽは、何度も毛羽立ってそのたびにアスファルトなどで削って毛羽を落としてきた。刃物を使ってはいけないというのが、教えだからだ。全部歩くと一〇〜二〇センチは短くなるという。

それはともかく、歩行者のためにこれほど立派な長いトンネルがあることに驚く。いや感謝したいのだ。

トンネルを出ると、遍路休憩所があった。道路の反対側なので車のすきを狙って大急ぎで渡った。ここも平台があって横になれる。遍路のことを分かっている人が設計したのであろう。逆に丸太を切ったような円柱形の椅子がある休憩所はいただけない。あぐらもかけないからだ。

大きな台に荷物を載せ、わが身も横たえた。風が気持ちいい。二〇分ほどだろうか、完全に寝てしまった。無防備ではあるが、これほど快適なものはない。

その先二キロほど行った須の川漁港の近くにも休憩所があった。こちらはトイレもついている。地区の社会活動団体が、結成一〇周年を記念して建てたと表示が出ている。それにしても四国の人たちがこうした休憩所を次々と建てていることには本当に頭が下がる。

軍歌と労働歌

七月二二日(木)。

朝暗いうちに目が覚めた。きのうの夜に民宿の支払いは済ませてある。明るくなるのを待って支度をし、朝食抜きで五時四五分に出発した。すぐに海とは別れて山間地に入り、脇坂トンネルを抜ける。ここも歩行者用のトンネルが別にある。こちらは三七一メートル。やや上りになっているのが足の感覚で分かる。芳原川沿いにさかのぼると、歩道が車道より一メートルぐらい高くなっていて、その境目の斜面にはツツジや百日紅《さるすべり》が赤や白の花をつけている。曇り空に映えて、とても美しい。

その先の津島町の中心部は、岩松川がゆったりと流れ、なかなか風情があった。歩きながら自然と、映画「男はつらいよ」フーテンの寅さんの主題歌が口を突いて出る。そんなイメージだったのだろう。

まだ開いている店がなく、コンビニでサンドイッチとオレンジジュースを買って道路沿いの大きな看板のコンクリート支柱に座って食べた。

松尾トンネルは全長が一七一〇メートル。地図には「所要通過時間二七分。排ガスが多いので、約一・七キロよけいに歩くが旧国道の山越えをするとよい」などと書いてある。そういえば、途中で会ったお遍路さんも「トンネルの入り口と出口の部分がカーブしていて排ガスが抜けない」と言っていた。しかし、その旧国道の入り口までくると、なにやら足がまっすぐ行けと言っている。

トンネルに入った。右側の歩道は肩幅ぐらいしかないが、左側は金剛杖の長さより広い幅の歩道がある。そこで左側を行くことにする。轟音《ごうおん》と排ガス。頭から垂らしたタオルで口を覆い、その先を菅笠の紐に結びつける。まるでギャングだ。私の足なら三〇分。なぜか「異国の丘」「同期の桜」「ラバウル小唄」など軍歌が口をついて出る。平和主義者ではあるが、軍歌は知っている。おもしろいことに、歩いているテンポによく合うのだ。さらには「インターナショナル」など労働歌も出てくるからめちゃくちゃだ。どうせ誰も聞いていない。聞こえない。

トンネルを出たところに喫茶店があったので休憩し、そこからは休まず延々と歩いた。宇和島市内に入って歩道を行くと、向こうから来たおばさんに、いきなり「お接待です」と一〇〇円玉を出された。思わず両手で受けた。山頭火《さんとうか》の「入れものがない両手で受ける」という俳句を思い出した。自然にそうなることが分かった。お礼を言ったが、突然のことで「南無大師遍照金剛」と唱えるのを忘れた。

和顔施　四十一番札所「龍光寺」・四十二番札所「佛木寺」・四十三番札所「明石寺」

七月二三日（金）。

快晴。相変わらず足がだるい。宇和島駅前の宿でもらった周辺地図を何度も見た。いつも市街地で道を間違えるだけに、駅前を抜けてどう行くかを慎重に検討した。あとは県道五七号線を行く。市街地を抜けると上り坂となった。

今までの経験からすると、上ればそのうち必ず下りになる。そこまでの辛抱だ。ところが下りが一向に現れない。右カーブ、左カーブしながら宇和島市から三間《みま》町に入った。とたんに勾配がきつくなった。舗装路というのに杖にすがって息を切らして上る。しかし、これはすぐに終わった。左折して四十一番龍光寺《りゅうこうじ》へ向かう。遍路道を行こうとして間違え、道路工事の交通整理をしていた人に聞いて、なんとか遍路シールのあるところに出た。

ここまで、バス停で一回休憩しただけで、一〇キロをノンストップで来た。石の鳥居がある。龍光寺の奥に稲荷神社があるからだ。石段を登ってお参り。時刻を見ると昼を回っていた。

参道を下りて、これからまた山道へ入るからと自販機でお茶を買っていたら、「お遍路さん」と道路の反対側から呼び止められた。おじさんがみかんを手にしている。道路を横断して、ありがたくいただいた。「戻らせて悪かったね」と、その人は言った。いや、人の好意である。どんなことがあっても無にしてはいけない。両手で受けた。

四十二番佛木寺《ぶつもくじ》を打って間もなく県道三一号線と別れ、遍路道に入る。その上り口で農家のおばあさんが、「暑いし、お気をつけて上られるよう」と声をかけてくれた。素晴らしい笑顔である。四国に来てから、お年寄りたちに、特におばあちゃんたちにどれだけの笑顔で接してもらったことか。単に愛想であいさつしているのではない。気持ちがこもっているのである。

仏教でいう施しのなかには、お金や物ではない「無財の七施」というのがある。宿を提供する「房舎施」、人の手助けをする「身施」などがあり、そこに「和顔施」というのがある。笑顔で接することだ。「眼施」というのもある。優しいまなざしのことである。これもお接待だ。なにより元気づけられる。

向かうは、久しぶりの本格的な山道である。一気に汗が噴き出した。そのうち白衣にまで汗が染みてくる。もともと炎天だ。毎日、そうした中をリュック、頭陀袋、ウエストバッグと計七キログらいの荷物を背負って歩いている。平坦な道は暑さにも慣れてどうにかなるが、上りになったとたん、体は正直に汗を噴き出す。

標高四〇〇メートルで、さらに峠を越えるかトンネルを行くかの選択を迫られる。これ以上、上る気力はなくトンネルを行くことにする。車道は一車線で、両側に白線が書いてあるだけ。車は一〇数台しか通らなかったが、そのたびに道の隅に体を寄せた。

トンネルを出ると遍路小屋があり、しばらく横になった。小屋からすぐに遍路道の入り口がある。県道は、ぐるぐる遠回りしながら下りてくるが、遍路道は一気に三〇〇メートルぐらいを下りる。足はつらかったが、体は上りと違ってはるかに楽だ。県道に再び出たところで、ベンチがあったが休まず歩き、肱川のたもとまで下りて遍路小屋で休憩し炭酸飲料を五〇〇ｃｃも飲んだ。

その小屋では中年の遍路に追いつかれた。峠を越えていたら私の姿が見えたという。一緒に小屋を出て早足で歩き始める。これから四十三番明石寺《めいせきじ》へ行くにはスピードアップしないといけない。納経所が開いているのは、午前七時から午後五時までと決まっている。五時までに行かないと翌日になる。宿がすぐそばに取れるとは限らない。ここが遍路の日程を組むのに難しいところでもある。

松山自動車道の下をくぐって行くが、地図と実際の地理との関係が分かりにくく、迷いながら明石寺までの直線道路に入った。ここからまた上りである。最後の力を振り絞って上る。参拝を済ませ納経したのは四時二〇分。余裕を持って間に合った。

宿まではあと一キロ。もう目の前だ。ところが、地図を見ると寺の裏から山越えの遍路道になっている。寺の人に聞いたら裏山を越えて市街地に入るそうだ。結果的に上り二〇〇メートル、下り八〇〇メートルにしか過ぎなかったが、歩き始めたときは、まさに山道をどんどん行くので、正直まいった。

四十二番仏木寺から四十三番明石寺への峠越え。（7月23日）

旅館を兼営しているビジネスホテルに入った。食事は出ないので、すぐ何軒か先のお茶漬け屋に行った。もう歩くのを最小限にしたかった。おかみさんと話をしながら食事をして楽しかったが、ぽつりと言われた言葉にドキッとした。

「お四国回りをされている人は、恵まれてるのよね」

なにも嫌味を言おうとしたのではない。本音が出たのであろう。遍路をするには金と時間がいる。さらに「歩き遍路はぜいたく中のぜいたく」だろう。野宿している人は別として、四〇～五〇日も宿代を払っている。電車やバスなら数百円で行けるところを一日かけて行き、宿に泊まっているわけだ。

仮にハイヤーをチャーターして、運転手ともども八十八カ所を回ったとしても、歩き遍路ほどかからない。そのうえ健康体でないと歩けない。おかみさんは、そこまで考えて言ったわけではないかもしれない。だが、こちらが深く考えさせられる言葉だった。

おはなはんの町

七月二四日（土）。

夕食は出なかったが、朝食はビジネスホテルの二階で食べることができた。ほかの客は仕事で来ていた男性二人組だけ。私のような遍路を珍しがっていろいろ聞かれた。

ホテルを出るなり対向してきた車が止まって、おじさんが栄養ドリンクをお接待してくれた。左折して見えなくなるまで見送って、朝からありがたいことだと頭を下げた。

国道五六号線を歩いていると、ガソリンスタンドの方からあいさつされたのに気づいた。今朝の二人組男性がトラックに燃料を入れているところだった。どこまで行くのだろう。仕事で宿に泊まる人も多いのだなあと思う。しばらく歩いていると、クラクションを鳴らして合図しながら、そのトラックは走り去った。

栄養ドリンクをもらったのに体調が悪い。昨夜は足が痛んで眠れなかったが、今朝は足よりも体がだるい。国道を行くので厳しい道ではないが、やむを得ず大洲《おおず》の市内まで二〇キロほど行って本日は終了、と早々に決めてしまった。それでもバス停や道路わきのブロックなどに腰を下ろし、休み、休み行く。

大洲は朝の連続テレビ小説「おはなはん」で一躍有名になった町だ。確かに風情のある町である。「愛媛まちなみ博」とかいうのをやっていて観光客が多かった。それにしても、従来の博覧会と違って町並みそのものを舞台にするというのは、なかなか面白い発想だ。全国的に古い町並みを観光資源にしたりしている。かつては、江戸期や明治期のものが多かったが、最近は昭和三〇年代の町並みにもスポットが当たっている。高度成長期前のよき時代が懐かしがられているのかもしれない。

通りかかった郵便局でお金を下ろそうとしたが、閉まっていた。そこで、初めて土曜日であることに気づいた。現金はあと二泊分くらいしかない。うっかりして財布の中身を点検するのを忘れていた。このときはまだ、なんとかなるだろうと気楽な気持ちでいた。

遍路に出る前に銀行から預金を下ろして、郵便局に口座をつくった。銀行の支店は数が限られているから、こうした旅には不便だろうと思ったからである。確かに、どんなに田舎でも郵便局はある。これまでに数度下ろして、ついでに冷房のきいた局舎のありがたみも感じていた。

この日は旅館に泊まる。また一人だけの宿泊だった。素泊まりなので、教えてもらった近くの食堂でご飯を食べる。この食堂へ行くのさえ足が痛くてかなわない。借りた下駄でゆっくりと歩いた。どうも筋肉痛でなく骨の奥が痛い感じだ。

山奥に咲く花のように

七月二五日（日）。

朝は曇っていた。山の方で雷鳴が轟《とどろ》くが、降ってはこない。これからまた山に入る。場合によっては数日間、現金を下ろすところがないかもしれない。足は九時過ぎに寝たせいか、割と快調だ。まずはお金の心配である。

コンビニがあった。

中に入って、「銀行カードで引き出せますか」と聞いたら、男性店員が、

「四国はコンビニにATM入っていないんですよ。郵便局のカードで買い物できるところはありますけどね」

「うーん、困ったなあ。どこかに引き出せるところありますか？」

「この先へ行くなら、内子町《うちこ》のショッピングセンターのディックにATMありますよ」

そうだ。ショッピングセンターなら日曜もやっている。その言葉に元気づけられ、隣の内子町を目指す。体も軽い。ピッチが上がる。曇っているため暑さもそれほど感じない。

ところが、なかなか着かない。地図をよく見ると距離表示がおかしい。地図の上段の最後のポイントが明石寺から二五・二キロとなっているのに、それより二キロほど先のポイントが次の段の地図では二二・四キロ、となっている。減っているのはおかしい。

これまで、ずっと「へんろみち保存協力会」の地図を頼りに歩いてきた。ところどころに、前のお寺からの距離が表示してあるのだ。しかし、番外霊場などのコースも書いてあるために、時折、距離が二つ書いてある。ここの部分もそうなのかと解釈してみるが、やはりよく分からない。

もちろん、どうあれ歩くしかない。そうこうしているうちに日が差してきた。急に暑さがひどくなった。

高速道路やJR予讃線が見える。あれに乗れば一瞬のうちに……などと、また思ってしまう。少し上りになってカーブした途端、内子の中心部が視界に広がった。警察署を越していくと「ディック」があった。駐車場にいた女性にATMの場所を尋ねたが、分からないという。そこで中に入ってレジの若い女性に聞いたら、

「すみません、ATMは置いてないんです」

予期せぬ答えが返ってきた。

「大洲で聞いたんですが……」

「大洲のディックにはあるんですよ。勘違いされたんじゃないですか」

ショックで言葉も出ない。

その女性は内子の中心部の地図を取り出して、

「この先に、ひめぎん（愛媛銀行）と、いよぎん（伊予銀行）の支店があります。ただ、日曜にやっていたかどうか」

さらに同僚の女性を呼んで「日曜やってたっけ？」などと聞いてくれるが、よく分からない。

「山に行ったら、ないですよね……。下ろすとこ」と心配して地図を持たせてくれた。

とにかく銀行の支店に行ってみるしかない、と礼を言って歩き始めた。すると三〇メートルも行かないうちに内子郵便局があり、ちゃんとやっているではないか。大喜びでキャッシュコーナーに行き現金を下ろした。

さて、先に進もうとしたが、思い直してディックに戻った。さっきの真顔で心配する表情が忘れられなかったからだ。もちろん、美人であったことも理由である。「郵便局、やってました。ありがとうございました」とお礼を言った。その女性はレジ打ちの最中だったが、「よかったですね……。お気をつけて」と笑顔で答えてくれた。

国道五六号線から分かれて国道三七九号線に入る。バス停で一服し、本日の宿の予約をする。民宿「来楽苦」。

「らいらっくさんですか」

「いえ、きらくです」

なるほど、そうだ。名前を間違ったことを詫びて、「泊まれますか」と聞いたら、「どうぞ、おいでください」と返事が返ってきた。これでほっとする。山間地なので、ほかに宿がないのである。歩きではまさに宿の確保が難しい。断られたから隣町まで行くというわけにはなかなか行かないし、先々までの予約もできないからである。

バス停をあとにしてカーブを曲がった途端、「道の駅」があった。「なんだ、ここで休めたのか」と思ったが、農産物などを売っていて、遍路が休憩するにはふさわしくない。早々に立ち去った。

トンネルを抜けると「お遍路無料宿」があった。向かいは果物を売る直売所。店の横の自販機でジュースを買ったら、取り出し口にお茶のペットボトルがあった。すでに表面が汗をかいている。しばらくそのままだったのか。店の人に「取り忘れありましたよ」と声をかけたら、「あー、おれだった」と、そこの主人が声を上げた。

ジュースを持って向かいの休憩所に行ったら、その主人が桃と梨を持って追いかけてきた。

「これ食べて休んで行ってください。ここはうちがやってますから」という。桃と梨は形がいび

愛媛県内子町の遍路無料宿。休憩させてもらったうえ、桃と梨をいただいた。（7月25日）

つで、少し傷がついてたが、食べる分には全く差し支えない。「ありがとうございます。少し休ませてください」と言って、中に入った。

小屋は八畳ほど。倉庫のようである。片側にはベッド状に板が渡してあり、畳が敷いてある。隅には布団も積んである。そこに靴を脱いで上がって、あぐらをかいた。足を休めるには絶好の場所だ。それにしても「善根宿」を提供する人の心の広さ、信心深さを思う。見返りを求めない行為は、なかなかできることではない。「どうしたら利益になるか」だけを考えている欲得ずくめの社会で、本当に偉い人だと思う。

そこへ、キャスターつきの荷物を引いた、白いあご髭のお遍路さんがやってきた。あいさつした後、それをしおに出発した。

このあたりは桃と梨の産地らしい。似たような直売所が五、六カ所並んでいる。農家が直接、店を出しているわけだ。桃を箱詰めしていたおばさんが「お遍路さん、これ一つ食べていきなさい」と桃を水道の水で洗って差し出してくれた。今食べたばかりだが、ありがたくいただき、先を急ぐ。

「来楽苦」で教えてもらったとおり、途中から道は一車線になった。小田川に沿ってさかのぼることになる。四国はどこも水がきれいだ。水量は多くないが透き通っていて心まで洗われる。やや深みになっているところで、若いカップルが服のまま泳いでいたのが橋の上から見えた。

ずっと上り坂である。バス停で休憩したらベンチの上にジュースの空き缶が二つ放置されていた。それを自分の飲んだ分と一緒に自販機の空き缶入れに捨てに行った。

先ほど休んだ遍路無料宿に、このような意味のことが書いてあったからだ。

「よい行いは誰が見ていなくてもしなさい。山奥にひっそりと咲く花のように、誰も見ないうちに咲き、散っても……」と。それを実行しようとしたわけだ。

この日の夜、テレビで民主党前代表の菅直人さんが、室戸の最御崎寺に着いて遍路を終えたのを映し出していた。「菅さん、ゴール」などと華々しい字幕とニコニコ顔の菅さんが出ていた。本人が望むと望まないにかかわらず、マスコミは当然、そんなとらえ方をするだろう。山奥に咲く花と対極にあるのかもしれない。

宿で先ほどのキャスターつきの荷物を引いていたお遍路さんと一緒になった。気になって聞いた。

「もしかして、足摺のへアピンカーブのところで、私に遍路道のことを聞いた人ではありませんか」

「あー、あんた、あのときの人か」

何日ぶりだろう。古い地図しか持っていないとのことで、私の地図を見せたり、コースについていろいろ話した。その人も廊下を行くときは、私と同じようにそろそろと歩いている。足はテーピングだらけ。足が痛むのは自分だけでないと思うと気が楽になった。この日の泊り客は二人だけだった。

職務質問

七月二六日（月）。

晴れてきょうも暑い。だが、山あいの道のため日差しはさえぎられる。一車線しかないから、車のすれ違いのときには、こちらも路肩ぎりぎりに寄って避けなくてはならず、この先の道はどうなるのだろうと思わせる。

ところが、一時間ほど歩くといきなり二車線の立派な道路に出た。小田町の中心部である。小田高校があって、夏休みとはいえ自転車に乗った生徒がどんどん登校してくる。「おはよう」と次々に声をかけたら、九割以上が「おはようございます」「こんにちは」「行ってきます」とあいさつする。これまでの経験からして、高校生とすればかなりの確率だ。とても気分がいい。

スキー場の看板もあって驚かされる。愛媛県では雪が降っても、積もらないと思っていた。看板のキャッチコピーがしゃれている。「晴れドキドキ雪」。小田駐在所もログハウスになっていて自然豊かな風景に溶け込んでいた。

この日のルートは大きく分けて三つあった。昨夜、「来楽苦」の主人と話したが、四十四番大寶寺《だいほうじ》に行くには、遍路道を通って標高七九〇メートルの鴇田峠《ひわたとうげ》越えと、国道三八〇号線を行ってから遍路道に入って標高六五一メートルの農祖峠を越える道、あとは国道三八〇号線から国道三三号線に入るルートである。もちろん、その順番に短距離なのは言うまでもない。宿の主人は、「足が悪いなら、峠越えで動けなくなったらどうしようもない。携帯電話も通じないから連絡もできない。それなら国道三八〇号線を進み、途中でビジネスホテルがあるからそこで一泊。先に四十五番を打ってから四十四番に来るのがいい」

地図で確認すると、確かにそんな手がある。四十五番の先へ行くには、四十四番の近くまで戻って来なければならないからだ。

安全ルートをとることにし、朝からずっと国道を歩いた。しかし、国道といえども携帯電話はずっと圏外である。ビジネスホテルに予約もできない。それほど山の中である。途中、神社の横から遍路道に入ったが、標高四一〇メートルから五一〇メートルまで一〇〇メートルを上がるだけなのに、かなりきつかった。そのあとはまた国道。どんどん高度を上げているのが分かる。トンネルの手前で遍路休憩所があった。ミニパトカーが止まっているほかは誰もいない。「さあ、休憩、休憩」とリュックを下ろしたら、おまわりさんが近づいてきた。

しばらく世間話をしたあと、おまわりさんが、

「最近、お遍路さんがひき逃げされて道路の溝で死んでいた。身元が分かるようなものを何も持っていなくて困ったんだよ。あとから、ようやく分かったんだけど……」などと言う。

最近と言ってもニュースを見ている限り、そんな話はない。

「あー、これは職質（職務質問）に入るな」と思ったら、

「念のために名前聞いてもいいですか」ときた。

名前と住所、電話番号を伝えたら、生年月日も聞かれ、

「ずいぶんと若いんですね。私は五六歳なんだけど」

この白いあご髭で、見た目より年寄りに見られているようだ。

さらに「職業は?」と聞いて、すぐに「何をしておられたんですか」と過去形で聞きなおした。

「通し打ち」の歩き遍路に職業もないだろうという配慮かもしれない。

「新聞記者をしてました。昔はサツ回りもやりましたよ」

「記者さんだったんですか……」

あっという間に打ち解けた。なにしろ、新聞記者と警察官は切っても切れない関係だ。昔、警察を担当していたときの思い出話や、記者もサラリーマン化してしまった……など、さまざまなことを話した。

おまわりさんも、

「三〇年間、刑事をしていたが、初めて駐在に出た」とか、「今は時代が変わって記者との関係は薄い」など、すっかり友達みたいな話しぶりだ。

要は「昔はよかったね……」という話である。

おまわりさんと別れた後、休憩所の駐車場に公衆電話があったので、ホテルに予約しようとボックスに入った。だが、テレフォンカード専用のためできなかった。かつては常に財布にカードが入っていたが、携帯電話を使うようになっていつしかなくなっていた。

仕方なく先へ行くことにしてトンネルに入った。出口付近に来たとき、ミニパトがウインカーをつけて追い越して行った。さっきのおまわりさんだ、と思っていたら、出口の先で止まっている。

下りてきて「津田さん、これ持っていって」と反射材のたすきをくれた。

「夜道とかトンネルの中は危険だし、これをつけて安全に遍路を続けてください」

ありがたくちょうだいした。夜は歩かないが、その後、トンネルではこれをつけるようになった。感謝、感謝である。

ようやく、ホテルまで二〇〇メートルのところに来た。分かれ道にホテルの看板があり、そう書いてあったのである。予約せずに行こうかとも思ったが、近くに電話ボックスが見えたので、電話した。すると、

「お掛けになった電話番号は、お客様の都合で掛かりません」

女性の声でむなしくトーキーが流れている。

もう一度電話番号を確かめて掛けるが同じである。この事態に頭の中がぐるぐると回転して対策を練り始めた。ホテルまで行ってみるか、四十五番方向に行くのをやめて四十四番方向へ行くか。そこなら宿は何軒もある。だが遠い。

電話をしているのは国道三三号線の入り口である。真っ直ぐ行けば四十四番のある久万町の中心部。

「よしっ」と決断して、そちらへ行くことにした。つまり、朝出た宿から一番遠いルートで四十四番へ向かうことになるわけだ。決めたからにはどんどん歩く。足の痛みなどは言っておられない。猛スピードで歩いた。

雨がぽつりぽつりと降ってきた。町工場の軒先で休憩し、携帯電話を見たら電波の強さを示すアンテナが立っている。宿に予約の電話を入れたら「こちらは土砂降りですよ」とのこと。小雨のうちに行けるところまで行こうと歩く。

消防署の近くまで来たら、本当に土砂降りになった。屋根つきのバス停があったので、そこに逃げ込んだ。アスファルトに上がる水しぶきがすごい。トラックが通って、はねた水がバス停の小屋の中にも入ってきた。少し寒くなってくる。もともと全身びしょ濡れで歩いていたからだ。思わず「南無大師遍照金剛」と何度も唱えてみる。バスが止まった。手を横に振ったら行ってしまった。また運転手に悪いことしたなと思う。

小降りになったのを見計らって、出発する。「南無大師遍照金剛」と繰り返し、般若心経も唱える。それほど信仰心もないのに、そう唱えたい気持ちになっていた。宿に着いたころは見事に晴れ上がっていた。

まむし注意　四十四番札所「大寶寺」・四十五番札所「岩屋寺」

七月二七日（火）。

「四十四番から四十五番はどのくらいで行けますか？」

朝、宿のおかみさんに聞いたら、

「遍路道でしょ、二時間もあれば行けますよ」と即座に答えが返ってきた。

これがとても二時間で行けるようなところではなかった。地元の人も自分で歩いたことのある人は少ない。多分、人から聞いていてそう答えたのだろう。あとで他の遍路からも「二時間で行ければ超人ですよ」という人もいたから、あながち足の遅い私だけの感想ではないだろう。

まずは四十四番大寶寺だ。晴れているし、元気よく金剛杖を突いて出かけた。ところが、上ったと思ったらすぐ下る。おかしいなあと思ったら一本遠くの道を行っていた。がっかりである。

大寶寺は坂を上り詰めたところにある。市街地のすぐ近くなのに、うっそうとした木々に囲まれ、深山幽谷の雰囲気を持っている。門前に二軒のみやげ物店があった。両方の店の人に「おはようございます」と声をかけたが、帰りにその一軒の奥さんから「飲んでいってください」と甘く冷たいお茶をお接待された。少し話をしていたら、「この先に友達がやっている宿があるから」とパンフレットを渡された。「はい、タイミングが合えば考えてみます」と答えて、別れた。

これまでにも札所では四、五番先の宿の看板があったり、パンフレットをもらったことがある。その日の行程で、うまく合えば泊まってもいいなとは思う。

四十五番岩屋寺《いわやじ》に向かう。県道一二号線は上りがきつい。ハーハー言って上がるとトンネルに出た。今度は下りだ。たいてい、トンネルのあるところが峠だから、越えると下りになるのは分かっている。しかし、これから山に上がるのに、いったん下るのはなんとももったいない。

「久万高原ふるさと旅行村」の入り口に休憩所があり、一服した。足はまあまあだが、体がだるい。そこから一キロほどのところに遍路道の入り口の表示があった。

「さて、いよいよ行くか」と気合を入れて上がり始めた。山道はそれほどきつくもない。しかし、ヘビが怖いのは変わらない。

と、そこへ上の方から下りてくるお遍路さんと出会った。なんと「来楽苦」で同じ宿だった人だ。山道だからリュックは背負っている。簡単に言葉を交わし、

「この先の道はどうです？」と聞いたら、

「少し行ったところがきついよ」

なるほど、地図に八丁坂とあり、五〇〇メートルほどの距離で標高にして一六〇メートル上がることになっている。

しばらくすると民家があり、老夫婦が農作業をしている。人里離れたところで頑張っているのだと思うと頭を下げて通らずにはいられなかった。さらに行くと鉄筋コンクリートの立派な建物があってびっくりしたが、浄水場だった。その先に公衆便所と、ベンチがあった。いずれも、こんな山の中にあるのが不思議なくらいだ。

トイレの水道でタオルを洗い、何度も顔から頭、腕を拭いた。そこにあった看板を見ると、八丁坂はあまりにも急坂なので、お大師さまが修行の場に選ばれたなどと書いてある。その休憩所から八丁坂は始まった。

「まむし注意」。ところどころに標識が立っている。「注意しろと言われてもなあ」と思う。そして道は胸突き八丁である。八丁坂を過ぎても、下ったり上ったりとなかなか四十五番に着かない。三キロほど山道を歩いたら「行場」というところに出た。岩が裂けている。そこを上るのだろう。まさに厳しい修行の場である。

しばらく歩くと「ゴーン」とお寺の鐘が聞こえてきた。

境内には中年の女性三人が汗を拭いていた。この岩屋寺は駐車場が下にあり、車で来てもコンクリートの坂道を二〇分ほど上らないといけない。

彼女たちは「ゆっくり来たので三〇分はかかった」と言い、妙なところから現れた私に、「山の上から来たのですか」と尋ねた。

「そうです、山を越えて下りてきました」

「わたしら、これくらい上がっただけでふうふう言ってる」

とはいえ、友達と一緒だから楽しそうだ。ベンチに座ってすぐにお弁当を広げ始めた。そう言えば、お昼だ。四十四番も打ってきたとはいえ、朝、聞いたような二時間で来られるわけがない。四時間近くかかった。

本堂、大師堂とお参りして納経所に行ったら、女性が「歩きの方は、それお接待です」と指差した。箱の中にはビスケットや一口チョコなどが入っていた。チョコを一つもらって合掌。

四十五番岩屋寺にあった仏像。その数の多さに圧倒される。（7月27日）

参道に土産物屋があって「アイスクリン、どうですか」と勧められた。二〇〇円だという。滑らかなアイスクリームと違って、ざらざらした食感とさわやかな甘さが特徴だ。そばにいた車遍路の男性一人と女性二人のグループと話になった。男性の方が聞いてきた。

「一日の目標は一〇〇キロですか」

「とんでもない。普通は三〇キロから四〇キロですが、私は三〇キロもなかなか行けませんよ。足が遅いから休憩時間も入れたら平均時速で三キロぐらいになってしまう。一〇時間歩いても三〇キロです」

「そうですか。車でしか動かないので、まったく分かりませんでね」

それから、きのう職務質問を受けた話やテレフォンカードがなくて電話できず、ホテルの近くまできてようやく電話したら掛からなかったことなどを説明したら、面白そうに聞いている。すると、「これ、持って行ってくださいよ」と未使用のテレフォンカードをお接待してくれた。

ありがたく受け取ると同時に「口が滑ってしまった」と後悔した。口は災いの元とは言わないが、苦労話を聞いたら何かしてあげたくなるのは人情だ。反省である。

帰りは県道一二号線を歩くことにした。距離があまり変わらないからだ。国民宿舎「古岩屋荘」の隣に立派な休憩所があって、休んでいたら若い遍路が「きょうも雨が降りますかね……」と声をかけてきた。「また、夕方になれば降るんじゃない」と答えた。ところが出発して間もなく、あれほどいい天気だったのに、あたりが暗くなって降ってきた。最初はポツポツ、すぐにザーザーである。強い日差しで熱せられたアスファルトが猛烈に湯気を立てている。

こちらは例によって、金剛杖の頭にスーパー袋を被せたのと、頭陀袋とウエストバッグだけ雨具で覆う。体のほうは菅笠のみだ。再び、「久万高原ふるさと旅行村」の前の休憩所で雨宿り兼休憩をしていると、徐々に雨は小降りになってきた。日が差すとまたアスファルトは湯気を上げる。

朝通った峠御堂トンネルを再び歩く。ここには歩道はなく、側溝のふたの上を歩く。車が来ると壁にぎりぎり体を寄せるしかない。もちろん、おまわりさんにもらった反射材のたすきを手に持って、アピールしながらの歩きだ。

トンネルを出たところで、名古屋ナンバーの車が止まっていた。私が近づくと、おじさんが道路を横断してこちらに来る。「これ飲んで元気つけてください」と、冷えた栄養ドリンク剤を持たせてくれた。トンネルを行く私を見て、待っていてくれたのだ。助手席の奥さんもニコニコとして「お気をつけて」と言っている。半そでの白装束。同じお遍路さんなのに……。あの笑顔、励まし。なぜか涙が出るほどうれしかった。ドリンク剤を両手で受け、合掌。お札を渡して車が見えなくなるまで見送った。

久万町の中心部に着いた。左折するところで、あの名古屋ナンバーの車をまた見掛けた。あれから一時間はたっている。食事でもしていたのだろうか。だんなさんが手を振っている。「縁やなあ」と思う。そして「幸多かれ」と祈らずにはいられなかった。物をもらったからではない。人の優しい気持ちが身にしみるからだ。この世はまだまだ捨てたもんじゃない。

きのう泊まったホテルから二キロほどしか離れていないところが、きょうの宿だ。四十四番と四十五番へ行ってきただけである。

気遣い　四十六番札所「浄瑠璃寺」・四十七番札所「八坂寺」・四十八番札所「西林寺」

七月二八日（水）。

曇っていたが、すぐに晴れてきた。きょうも暑い。三日間ほど標高五〇〇メートルぐらいの高原にいたわけだが、きょうで平地に下りる。しかし、まずは峠を越えるため上り坂である。その三坂峠の直前に遍路休憩所があり、坊主頭の先客が外の蛇口で顔を洗っていた。

「野宿ですか」とあいさつしたら、そうではないと答える。

横に古い原付バイクが止まっている。シートは破れ、フェンダーも壊れている。

「原付はもらったもので、三〇年ぐらい前のものだよ。キーも壊れているので、エンジンを止めるときはローに入れてガツンとやる」

不思議な人である。ここにいた理由も、「暇だから来た」という。

「人間らしいじゃないですか」

「いや、人間らしくない」

禅問答みたいなことをしていたら、名刺をくれた。「渡部順一郎　遍路無料休憩所　三坂峠観音堂」と書いてある。「二キロ先にあるから寄って行って」と言うと、原付で走り去った。

三坂峠は標高七一〇メートルである。ようやく自販機が何台もおいてあるところに出たら、そこが頂上だった。道の脇にレストランがあり、渡部さんが手招きしている。

中に入ると、正面にはワイドで大きなガラスがはめ込まれている。真っ青な空と、ややガスった松山市街地が見事に広がり、まるで映画のスクリーンのようだ。こんな高いところにいるのかと、しばし見入った。

渡部さんは「ゆっくりしていって」と言って、これから行くお寺の場所を次々と指し示してくれた。もっとも、あまりに遠く小さくしか見えないから、だいたいの方角しか分からない。

ゆっくりしたい気持ちもあったが、なにはともあれ先を急ぎたい。

「すみません、いま休んだばかりだから歩きたくて」と断って、隣にある観音堂を拝んでから出発した。そこからは遍路道だ。一気に平地まで下りる急坂である。

「最初の二キロは木が茂って日差しがさえぎられる」と渡部さんが言ったとおり、山道は急坂だが汗をかかない。「あー、ヘビが出るかどうか聞けばよかったな。いや、こんな道では出ても仕方がない。愚問だな」と一人でそう心の中でつぶやいた。

そのときだった。がけの方に黒くて長いのが数匹いるのである。首から下をくねくねさせて、伸ばしたらかなりロングだろうと思われるのが、寄り添っている。だから何匹かはよく分からない。本には「まむしが道の真ん中にいたら杖で尻尾のほうをチョンチョンと突き、向こうが逃げていくのを待つ」とある。しかし、これはまむしではないし、道の真ん中にもいない。こちらから見ると、道の右端に寝そべっているようなものだ。

困ったことに、道幅は八〇センチもない。おそるおそる、ぎりぎり離れたところを通ってみる。こちらを見ているような気もするが、動こうとはしない。ようやく越えたら安心して、写真を撮ることを思いついた。カメラを取り出し一枚だけシャッターを切った。

標高七〇〇メートルの峠を越えて、松山市内に向かう。途中の山道に嫌いなヘビがにょろにょろ。（7月28日）

一〇メートルも行かないうちに、下から上がってくる中年男性二人組に会った。山のルールでは上りが優先だが、止まってくれている。あいさつしたら「どちらから」と聞かれ、「富山です」と言ったら「遠いところを」などと立ち話。そこで、「すぐそこにヘビが数匹いますよ。真っ黒なやつですよ」と教えた。「つがいかな」と、彼らは平気で上がっていった。

それからは、またヘビが出ないか気になってしょうがない。地面から出た木の根っこまで、それらしく見える。老眼だから三〇センチ以上離れた遠いところはよく見える。視力は二・〇だ。見えすぎて困る。普通の人は気づかないものまで見えてしまう。

二キロで舗装路になってほっとした。しかし、この舗装路も急坂で、体を後ろに反らしていないと歩けない。一歩一歩、ずしんと足にくる。山の遍路道では坂とはいえ足の着地点は平坦に近い。だが、舗装路は全体が斜めになっているから歩きにくいのだ。

牛舎が見えた。そこからは一車線だが車が通れる道となる。後ろを振り向いたら今下りてきた山が見える。あんな山を下ってきたのかと思うと自分で驚いてしまう。このあたりの段々田んぼは波板トタンで囲ってある。さらに電気柵もついている。いのししが出るのか聞いてみたかったが、人の姿はまったくない。

お大師さまが網に入れた石という伝説がある「網掛石」のところに出た。本当に網目がついている巨岩である。近くに磨かれた石で「お遍路さんの道の駅」と彫られた立派な案内板があった。中の休憩所も石で出来ており、テーブル、ベンチも石だ。石材店を経営している人がつくったのだろうか。すべてピカピカに磨き上げられた石である。壁には、四〇年間ぐらい廃屋となっていた民宿を復活させたという新聞の切り抜きが貼ってあった。それが地図に載っていた坂本屋である。

ようやく、静かな山里に建つ四十六番浄瑠璃寺《じょうるりじ》に着いた。お参り前にベンチで一服していると、作務衣を着たお寺の奥さんと思える人が「どちらから」と声をかけてきた。さらに「暑いでしょう」と言われるから「みんな自販機ばかり探してますよ」と、猛暑の遍路旅を面白おかしく語った。

お参りが終わって、納経所のところにあった冷水器から水を何杯も飲んだ。こうした設備があるお寺は初めてだった。そこへさっきの奥さんが「お接待です」と、よく冷えたみかんの缶ジュースを持ってきてくれた。お寺でこうしたお接待を受けたのは初めてである。ありがたくいただくとともに、さっきあんな話をしたからだと、またまた責任を感じてしまった。次の四十七番八坂寺《やさかじ》は九〇〇メートルしか離れていない。すぐに行こうと、お礼を言って出発した。

八坂寺は石段が「南無大師遍照金剛」と書かれた赤い幟に囲まれていた。ここにも冷水器が置いてあり、お参りのあとに茶碗で四杯も飲んでしまった。さらに、納経所の奥さんが「歩きでしょう」と言って、後ろにおいてあったクーラーボックスから水を凍らせたペットボトルを取り出して、お接待してくれた。リュックの中に入れておいても、いつまでも冷たい水が飲める。「これ、ありがたいです」と何度もお礼を言って出た。

平地に下りてきた途端、お寺から相次いでお接待を受け、なんだか温かい気持ちになった。というのも、これまでの納経所では事務的な扱いのところが結構あったからだ。

あるお寺では、納経所の女性が電話中だった。「お願いします」と言って納経帳を出したら、受け取ってすぐに返してくれた。

あまりにも早すぎるので念のためにページを開いてみたら、なんと、ご宝印が捺してあるだけだ。びっくりして、そのページを広げてもう一回渡すと、何事もなかったかのように筆でさらさらと本尊や寺の名を書いた。もちろん、電話は一度もやめていない。三〇〇円渡したが、当然会話はなし。その女性は私が納経所を出て一服している間も延々と電話を掛け続けていた。

確かに団体さんが二〇人来れば、納経帳だけで六〇〇〇円になる。汗だらけの歩き遍路が一人来ても三〇〇円にしかならないから、ぞんざいなのか。しかし、自分のお寺のサインである。どうかと思う。

もちろん、ほとんどの納経所は歩き遍路を大事にしてくれた。必ず「お気をつけて」の言葉もあった。こちらが首をひねらざるを得ないところは、ごく一部である。

八坂寺を出て歩きながら宿の予約電話を入れた。いつもは休憩時か、お寺のベンチに座って電話するのに、歩きながら掛けた。宿は取れたがこれが間違いだった。道が分からなくなったのである。遍路シールも見当たらない。歩くことは修行なのに、おろそかにした罰であろう。

ウエストバッグにぶら下げた磁石を見ながら検討するが、現在地が分からないから進みようがない。適当に歩いていたら、ようやく自転車が一台、こっちに向かって来た。呼び止めると、松山商業と書かれたTシャツを着ている。「おっ、松商か」と思わず言って、地図を見せながら聞いたら全然違う方向に来ていることが判明。彼は進む方向と道をうまく教えてくれた。

「ありがとーな、野球残念だったな」と言うと、にこっとして去っていった。準決勝でコールド負けしたのをテレビで見たばかりだったからだ。

四十八番西林寺《さいりんじ》は、一級河川・重信川を渡っていく。大きな川だが、水がほとんどない。ついで、松山自動車道の高架をくぐり、途中から街中の狭い遍路道を行くと突き当たりにあった。道を間違えたときからスピードを上げていた。その無理がたたって右足が痛い。西林寺で、靴下を脱いでみると親指にマメができていた。これも歩きながら電話をした罰である。

宿まではあと三キロ。市街地に入って大きな道を行くとドラッグストアがあった。テーピング用のテープと貼り薬、消毒薬、それに目薬を買った。テープが無くなってきたのと、消毒薬はキャップをきちんと閉めなかったから遍路に出てすぐ全部漏れてなくなっていたからだ。これまでマメは、針をライターの火であぶってから刺して水を抜いていた。目薬は毎日、炎暑の中を歩いているせいか、目が赤くなっていたからである。

今日の宿には温泉がある。ヘルスセンターのようなところだが、入り口の黒い板に「歓迎　津田様」と名前が書いてあったのには驚いた。道理で、さきほど予約したときに、名前の漢字を聞かれた。あとにも先にもこうした「歓迎」はほかになかった。

観光ボランティア

四十九番札所「浄土寺」・五十番札所「繁多寺」・五十一番札所「石手寺」
五十二番札所「太山寺」・五十三番札所「圓明寺」

七月二九日（木）。

朝食は予約しなかった。早く出発したいからだ。四十九番浄土寺《じょうどじ》は宿の近く。昨日は午後五時までの納経に間に合わなかったので、朝イチで行く。ところがすぐ近くなのに市街地とあって迷う。たまたまラジオ体操のカードを持った小学生の男の子が来たので聞いたら「そこを真っ直ぐ行って、道が二つに分かれたとこを左に行くんです」と上手に教えてくれた。すでにローソクが三本立っていた。私より早く来た人がいるということだ。早々にお参りを済ませ、五十番繁多寺《はんたじ》に向かう。ここからわずか一・七キロ。昨日からお寺が集中している。室戸や足摺のように三〜四日、ただ歩くだけという離れたところもあれば、市街地のお寺のようにすぐ近いところに固まっている場合もある。

住宅街を歩くと、朝の散歩中のおじいさんと会い、一緒に話しながら歩いていく。道を教えてもらい、間もなく別れたがこれも一期一会であろう。すでに道路工事の人も作業を始めている。繁多寺は急な坂道を上ったところにある。市街地がよく見渡せる。標高は八〇メートルだ。

ついで五十一番石手寺《いしてじ》に向かう。ここは過去二度訪れている。繁華街にあるこのお寺は遍路のほかに観光客も多い記憶がある。交通量の激しい交差点を渡り到着。しかし、参道の土産物の遍路用品を売る店などが建ち並んでいるのは同じなのだが、遍路として歩いて来た身にはなにか雰囲気が違う。別のところに来た感じさえするのが不思議だった。

その参道を抜けたらいきなり二人のアマチュアカメラマンに写真を撮られた。写真を撮られるのは、室戸岬に向かう途中の海岸以来、二回目だ。白衣の上下に菅笠、リュックに頭陀袋、それに髭。よほど定番の遍路スタイルをしていたのだろうか。

三重塔の近くに冷水器があった。湯飲み茶碗で三杯立て続けに飲んでから、また二杯飲む。よく飲むなあと自分でも呆《あき》れる。夫婦で来ていた人が、奥さんを三重塔の前に立たせて記念写真を撮っている。まともに太陽に向かって撮っているので「そこからでは逆光で塔が真っ黒になりますよ」とつい口出ししてしまった。

一番霊山寺で買ったローソクが底をついてきたので、門前の遍路用品を売る店で買った。最初に買ったのと全く同じものだった。

ここから五十二番太山寺《たいさんじ》までは一〇キロあまり。昨日手入れをきちんとしたせいか、足もそれほど痛まない。

間もなく道後温泉という地点で道に迷った。またである。地図を広げていたら「観光ボランティア」の腕章をしたおじさんが近づいてきて、声をかけてくれたので、道を聞いた。「分かるところまで一緒に行ってあげますよ」との言葉に甘えて付いていくことにする。

ところが、その人の足が速い。いや、普通の速度だったのかもしれない。こちらは毎日、リュックを背負って長距離を歩くテンポに慣れてしまっているのだろう。小走りで付いていったら、道後温泉の本館前に出た。その正面にあるアーケードの中を歩いていく。アーケードが切れたところで、「このまま真っ直ぐ行ってから右折し、川が見えたらそれに沿って」と教えてもらう。教えるのが目的のボランティアとはいえ、心苦しいのとありがたいのとが入り混じった感情である。

五十二番太山寺。一ノ門と山門をくぐって、急坂を登りきったところにある。（7月29日）

川が見えたところから、市街地の歩きとしては最高のロケーションになった。車道を挟んで川があり、こちらの歩いている道も幅は広いが車はほとんどこない。広々とした感じが心に余裕を持たせるし、何より市街地の川なのに透き通っていて美しい。水深が一〇センチぐらいしかないが、アユやフナが泳いでいる。

市街地を過ぎると道幅が狭くなり、ＪＲ予讃線を越えるころにはすっかり郊外の雰囲気になった。ミカン畑などもある。暑さはピークに達しており、じりじりと肌を焦がす。いたたまれず見つけた自販機のところで、五〇〇ｃｃのジュースを一気に飲み、さらにアパートの日陰に隠れて休んだ。

道が大きく左へカーブするところに太山寺の一ノ門があった。そこからお寺までは一キロある。門の中も普通の民家や商店が並ぶ。こうしたところは初めてだ。続いて山門が現れ急な坂道となる。一歩一歩、息を切らして上がる。途中に納経所があり、本堂はそこから三〇〇メートル先である。

境内にはベンチをいくつか置いたテントがあったが、そこに犬が二匹つながれていた。ほかに荷物を置くところはない。吠えられたらあきらめようと近づいて行ったら吠えない。二匹の犬に挟まれて休んだ。そこへほかのお遍路さんが来たら途端に吠え出した。安心していただけに驚いた。

次の五十三番圓明寺《えんみょうじ》は二・五キロ先だ。古い町並みの中にあった。ここで本日も終了。近くの民宿に入った。食事をした座敷には御宝印が押された掛け軸がずらりと並んでいた。八十八カ所のほか、番外霊場のものまで入れた百八カ所のもの、西国三十三カ所のものもある。これだけそろっているのを見るのは初めてだ。いやはや壮観である。

託された賽銭

七月三〇日（金）。

珍しく寝坊して六時に目が覚めた。遍路に出てから五週間ほどたっている。疲れが徐々に出てきたのか。毎日、目が覚めれば歩き出す。炎天下、一日歩いて汗だらけになる。お寺を打って宿に入り、風呂と洗濯、ご飯を食べて寝る。この繰り返しだ。一日も休んでいない。

きょうも朝から猛烈に暑い。宿を出て五〇メートルも行かないうちに「だんなさん、だんなさん」と後ろから呼び止める声がした。民宿のおばあちゃんだ。

「歩きだと知らなかったんですよ、今からでもお弁当つくりましょうか」

「いや、結構です。ありがとうございました」

追いかけてきてくれたことだけで、感謝の気持ちでいっぱいだ。

間もなく左手に海が見え始めた。穏やかな海。うっすらと島影も見える。瀬戸内海に出たんだなあと感慨も深い。JR予讃線と並行して歩く。歩道のすぐ脇が海である。さわやかな潮風を浴びていると北条市に入った。ここからは昔ながらの街道を行く。それにしても日本は一律の風景になったと思う。高度成長を経てなんでも規格化されたうえ、さまざまな全国チェーン店が進出し、北から南まで日本のどこのまちも「金太郎飴」だ。

そんなことを考えながら歩いていたら、「鹿島」の標識が見えた。海岸から目と鼻の先にぽっかりと浮かんだ周囲一キロの小さな島である。学生時代に一度訪れたことがあった。松の木の枝振りが美しく、まるで日本画をみているような感動を覚えたのを今でも鮮明に覚えている。感受性の豊かなころだったのだろう。

ルートを外れ、漁港に行ってみた。鹿島は濃い緑がこんもりとして、お坊さんが被る網代笠のように端正な形の島である。自転車に乗ったおじいさんが、自販機のタバコを買いに来たので、

「私は三〇年ほど前に一度鹿島に渡ったんですが、今でも船は出ているんですか?」

と尋ねてみた。

「出てるよ。一五分おきに」と言う。

懐かしさから、コンビニで買ったジュースを飲みながら、しばらく岸壁に腰を下ろして眺めていた。すると、自転車のおじいさんが戻ってきた。

「タバコのつり銭なんやけどな、賽銭にしてもらえんかな。わしはお四国回れんしな」

と、二三〇円を差し出す。

「分かりました。預かります。今日は次のお寺まで行けないし、どこのお寺にしましょうか」

「そやな、遠いところがいい。面倒なことを頼んで悪いが……」

「いやいや、確かにお預かりしました。八十八番大窪寺《おおくぼじ》さんにします。私はこういうものです」

と、お札を渡したら、うれしそうにペダルを踏んで行った。

ものの一分もたたないうちに、今度はおばあさんが近づいてきた。「お接待です」と五〇〇円玉を差し出す。「疲れたときに冷たいものでも飲みや」と優しい笑顔。ありがたく受け取り、またまた、お札を渡した。

さあて、歩かないとお接待してくれた人たちに申し訳がない。そう思って勢いをつけて歩いていたら、遍路道に入るのを忘れ、岬をぐるっと回る県道をそのまま歩いていた。遍路道は丘を越えて直線であり、途中に番外霊場・鎌大師があったのだが、時すでに遅しである。歩き始めるときに地図をよく見なかったためだ。

道の駅「風早の里風和里」で一服し、これからの道中を検討する。台風一〇号が接近している。とにかく歩けるだけ歩こうと、海沿いをどんどん行く。瀬戸内海は優しい風景が広がる。時折、大型船が見えるが、江戸時代なら帆掛け舟がいくつも見えたのだろうなと思ってしまう。ロマンである。

台風と山の寺

五十四番札所「延命寺」・五十五番札所「南光坊」・五十六番札所「泰山寺」・五十七番札所「栄福寺」・五十八番札所「仙遊寺」

七月三一日（土）。

朝から小雨である。コンビニでビニールの雨具を買って着てみたが、蒸れてかなわない。雨具が腕にぴったりと張り付いて気持ちが悪い。やはり頭陀袋とウエストバッグだけを防水して歩き、今治市《いまばり》に入った。五十四番延命寺《えんめいじ》は国道を外れてやや入ったところにあった。名前がずばり延命なので、かかわりのある人々の健康長寿を祈る。そば茶のお接待もあったが、台風が近づいているため先を急ぐことにした。

五十五番南光坊《なんこうぼう》へは遍路道を行く。これがなかなか難しい。途中の大規模な大谷霊園で迷ってしまった。たまたま人に出会って道を聞いてようやく霊園を脱出した。すると、風景が一変した。街の只中《ただなか》である。高層ビルも見えている。これが今治か、タオル生産日本一の町だと感慨が深い。

南光坊は商店街を入ったところにあった。五十四番から近かったので休まずにお参りをする。本堂前にはペットボトルで作った風車が台風の風に勢いよく回っている。納経所に行こうとしたら、大型バスがやってきた。ガイドさんがみんなの杖を杖立てごとドサッと下ろす。納経帳を入れた大きな布製のかばんを持っている。間一髪こちらが早かった。あれだけの量の納経帳を先に持ち込まれると、かなり待たされるからだ。

勢いつけて五十六番泰山寺《たいさんじ》へ。ここへも三キロほどしかない。

実は迷っていた。南光坊は今治の中心部にほど近い。まだ午前中だが、台風が気になって、場合によっては今治の中心部のどこかの宿に避難しようかと考えていたのだ。だが、雨が降ってこない。お大師さまが「ナマケルデナイ」と言っているような気がした。それで前進を決めたのだ。

泰山寺は、ほぼ真っ直ぐ行くだけだから間違えようもない。足も痛み始める。右手に大きな寺が見えてくる。ところが、前進を決断してから雨が強く降ってきた。人生こんなものである。

打ち終えて石段を下りていくと、下から来た人が「青森の方ですか」といきなり聞いてきた。

「違います」と答えると、

「下に八戸《はちのへ》ナンバーの車があったものですから」

もしかして、その人自身が青森の人なのだろうか、同郷の人がいると思ってうれしくなって声をかけたのか。そんな想像をしていると、今度はリュックを背負った人が「歩きですか、エライ、エライ」と声をかけていく。

「いや、必死です。偉くもなんともない。からだがエライ（大変）だけですよ」と答えた。

石段を下り切ったところで、商店のおばちゃんに五十七番栄福寺《えいふくじ》への遍路道を聞くと、

「三本目の電信柱に標識があるので、それを左折」と教えてくれた。

今まで何人もの人に聞かれているのだろう。教え方がうまい。その道は田んぼのあぜ道だった。面白いように真っ直ぐである。車道と交差してもまだまだ真っ直ぐ行けばいい。

途中で蒼社川《そうじゃ》に突き当たるが、地図によると渇水期には川の中を歩くのが遍路道だそうだ。しかし、いまは流れがある。五〇〇メートルほど先の橋を渡っていく。すぐ近くに今治小松自動車道が見える。四国は高速道路の建設ラッシュで風景もだんだん変化しているのだろう。

栄福寺は小ぢんまりとしたお寺である。団体さんが来たが、風のように現れ風のように去っていく。そのあとは、本物の風のうなり声がするだけの静けさだ。ここでも休まず、五十八番仙遊寺《せんゆうじ》に向かう。このお寺には宿坊があり、前進を決めたときに電話をして予約してある。

地図を見て山の上にあることは分かっていた。距離にしてわずか二・四キロしかない。だが、

標高は二八一メートル。急な坂道である。風がさらに強くなった。ゴーゴーと音を立てて吹いている。舗装路だが、上りがきつく一歩一歩上がるしかない。すぐに今治の町が眼下に広がる。しまなみ海道も見える。息が切れる。風が激しくなる。くねくねとカーブしながら上ると休憩所があった。思わず靴を脱いで休んだ。そこからもなかなか着かない。道のカーブを回るとき、今度こそ今度こそと思う。

ようやく本堂の前に出た。賽銭を入れて、お堂の外に出てお参りをしようとしたら、本堂の中にいた納経所の女性が「どうぞ、中でお参りしてください」と声をかけてくれた。あとから、この人が住職の奥さんだと分かった。本堂の中にある納経所は珍しい。恥ずかしいので小さな声でお経を唱えてから宿坊に行った。

宿坊は、鉄筋コンクリート造りの立派な建物である。山に上がる前から山頂付近にこの建物が見えていた。あれかな……と思いつつ上って来たら、間違いなかった。このお寺、「伊予の仙境」というのがうたい文句らしい。

Tシャツを着て、頭を丸めた若い女性が案内してくれた。尼さんと言っていいのだろう。とても親切である。宿坊には町の空手道場の子供たち二〇人ぐらいが合宿に来ていて、とてもにぎやかだ。遍路は私一人らしい。若い尼さんは、

「今すぐお風呂のお湯を入れますから三〇分ほど待ってください」と言う。

ところが、間もなくドアがノックされ、

「子供たちが水修行で滝に打たれてきたので、お風呂に入りたいと言っているのですが」

「どうぞ、どうぞお先に」

「それならシャワーだけ先に浴びて、あとから温泉に入られたら……」

シャワールームが別にあるのにも驚かされたが、温泉と聞いてうれしくなった。案内されて熱い湯でシャワーしたらすっきりした。きょうはのどが渇かない。いつもの五分の一ぐらいしか水分をとっていないだろう。天気が悪いと、こうも違うのかと驚かされる。

ドアの外には子供たちのはしゃぐ声。それを注意している尼さんの声も。

「ここのお部屋にはお遍路さんが泊まっておられるの。お遍路さんって知ってる？　山の中を歩いたり、ずっと四国の八十八カ所を回っておられる。静かにしないとダメですよ」

思わずドアを開けて言いたい気分になった。

「そんな立派な者じゃありません」

また、尼さんがドアをノックしてきた。

「子供たちがうるさいのでは……と、住職が下のお部屋に移らないかと言っています」

「いいえ、気にはなりません。私には子供が四人います。子供の声は平気なんです」

心遣いがとてもありがたい。

晩ご飯は、精進料理だった。それも山菜や高野豆腐などの本格的な精進料理である。子供たちも同じ。みんな一つ一つのお菜を、「これは何なの」と聞きあったりして驚いたような声を出していた。ふだん、家で食べる食事とは全く違っていたからである。

風はさらに激しくなり、窓から見える竹林がのたうち回っている。台風のさなかに山上の人となったのも何かの縁であろう。

朝のお勤め

八月一日（日）。

きのうはテレビも部屋になく早く寝たせいか、朝暗いうちから目が覚めた。風はおさまったが、雨がひどい。六時から朝のお勤めと聞いていたので、五時五五分に本堂に行った。ちょうど、住職さんが来たところで、「今開けますから」と言われて待っていたら、数珠と経本は持っていたが、輪袈裟を忘れたことに気がついて部屋に取りに戻った。

六時ちょうどに修行中のお坊さんによって鐘が撞《つ》かれた。

薄暗い本堂に入ったら、住職さんは私に「どこからですか」と聞いて、「きのうは子供たちがいたのでなかなか眠れなかったでしょう。下のお部屋も用意したのですが」と言う。お勤めに子供たちが来ないのかと思っていたら、六時起床、六時半からお勤めと時間を勘違いしていたらしい。

読経が始まった。ほかにお坊さんが二人。それと私。後ろの方で苦手な正座をした。足は痛かったが、そうせざるを得ない。そしたら、お坊さんが前の方に出るよう手で合図する。「まいったなあ」と思ったら「焼香をしてください」という意味だった。焼香を終えてまた後ろに下がった。そのころ、子供たちが慌てて本堂に入ってきた。

付き添いの空手道場の先生に促され、みんな神妙な顔をして正座した。こちらは足が強烈に痛い。しばらくは我慢したが、限界だ。足を崩さざるを得ない。あぐらをかいていたら、猛烈にしびれが襲ってきた。手でもんで、早く回復しないかと願う。お経が終わりそうになったので正座をし直したら、すぐに終わって住職がこちらを向いた。

「では、みんなで般若心経を」

子供たちには付き添いの先生たちからコピーした般若心経を渡されたが、ほとんど声は出ていない。もちろん、私も人のことは言えない。それでも、お坊さんたちがリードしてくれるから結構、唱えることが出来た。

ついで、住職のお説教が始まった。

「ここに白衣《びゃくえ》を着た人がいます。お遍路さんです。みなさん、お遍路さんを知っていますか。お四国を歩いたり車で回ったりして八十八カ所をお参りする人のことです。九州から北海道に行くくらいの距離があるんですよ」

なにか顔から火が出る思いだ。

「それでは、先生たちの要望で座禅をします。お遍路さんもいいですか？」

そう聞かれてイヤとは言えない。足の組み方を習い、目を半眼にして前方斜め下を見る。

「本当は何も考えないことを目指すのですが難しいので、自分が反省すべきことを心に思い浮かべましょう。きちんと出来ていれば一〇分で終わります。出来てないと、これで背中を打ちます」

樫《かし》の木で作られたという警策《きょうさく》が取り出された。

「どうするか試しにやってみましょう。希望者は？」

すると一人の男の子が手を挙げた。十分に背をかがませたと思った瞬間、

「バシッ」

強烈な音だった。頭で考えた数倍の音と衝撃が伝わった。

「オーッ」

誰もが心の中で思ったに違いない。打たれた子供はのけぞった。

「ちゃんと合掌しなさい。あのね、これ一生覚えているよ。そんな思い出ができたはず」

住職の言葉に確かにそうだと思った。

「ゴーン」という鉦《しょう》の音で、座禅が始まった。空気の流れがヒタと止んだ。軽く目を閉じた。

何を考えていたかは思い出せない。少しずつ姿勢が悪くなるのに気がつき何度か背筋を少しずつ元に戻しただけだ。「バシッ」という鋭い音と衝撃波が何度か伝わった。長いようで短い時間。再び「ゴーン」という音で終わった。本堂に緩やかな空気と安堵《あんど》感が広がった。

それから、住職は自分も大学に入ってから空手部に入ったこと、我慢して続けることが大事だということ、強いというのはけんかをしないこと……など話した。そして、

「真に強い人は、自分の意見を言える人です」と締めくくった。

七時になっていた。朝ご飯は茶粥《ちゃがゆ》だった。まかないのおばさんが「お代わり、どうですか」と聞いた。「少食なので、少しだけ」と言ったが、たっぷりとよそってあった。「奥さんが、おなかがすかないようたくさん差し上げてと言われたので……」と言う。塩をかけて食べたらあっという間に腹の中に入った。

出がけに、奥さんが「厄とばし　交通安全　仙遊寺　四国五十八番」と書かれた売り物のシールをお接待してくれた。出発はこれまでで最も遅い八時半近く。だが、本当の意味での遍路に少し近づいた気がした。

ずぶ濡れ　　五十九番札所「国分寺」

奥さんに道を聞いたら「休憩所まで戻って、そこから遍路道がある」という。上ってきたときは気がつかなかったが、確かに標識が出ている。いきなり山の中を行く。木道になっているので、一歩ずつ下りる。上りでないのが幸いだ。ところが、台風の雨で遍路道が川になっている。いや、緩やかな滝と言ってもいい。木の枝が折れてやたらと道にかかっている。あっという間に靴の中が水浸しになった。

しばらくすると、舗装路になり、一気に平地に出た。何か不思議だ。振り返ると、いま下りてきた山はガスに包まれている。長く歩いたつもりが二・五キロしか進んでいなかった。山道がそれほどきついということだろう。

五十九番国分寺に着いた。雨はほとんど上がったが全身ずぶ濡れだ。靴下を脱いで絞ると、ドボドボと水が出る。白衣も脱いで絞った。そこへ団体さんが来た。こちらをじろじろ見ている。急速に惨めな気持ちになった。向こうは下ろしたてのようなきれいな白衣。スニーカーも真っ白だ。小さな頭陀袋一つ持ち、みんなで楽しそうにお参りをしている。

今までもこうしたケースはあったが、惨めな気持ちになったことなどない。団体さんにも明るく「ご苦労さまです」と声をかけていた。しかし、いまは休んでいた場所がやや離れていたこともあって、声もかけられない。見掛けの問題ではない。すべて心の持ちようであることは分かっている。誰もいなくなって静かになってからお参りした。

とにかく前進だと思い直し歩き始める。日が差し明るくなってきた。「道の駅」で昼ご飯に釜飯《かまめし》を食べた。隣の夫婦連れが「歩いておられるんですか」と話しかけてきた。

「私たち七十番まで行ったけど、車でさえ大変なところがあったのに、それを歩いておられるなんて」

と感心しきりだ。そう言われると照れる。普通の足の人にとっては、そんなにつらいものではないのかもしれない。こちらは一日の距離が短いから、打ち終えるのに長くかかるだけで、決して無理をしていない。

外に出てベンチで、この先のことを考えた。次の六十番横峰寺《よこみねじ》は標高七四五メートルある。この台風ではおいそれとは行けない。まずは、そのふもとにある六十一、六十二、六十三番の近くまで行こう。靴が濡れていて思うようにスピードが出ないが、東予市の壬生川《にゅうがわ》駅前まで懸命に歩いた。

クリームパン　六十一番札所「香園寺」・六十二番札所「宝寿寺」・六十三番札所「吉祥寺」

八月二日（月）。

朝起きると雨がぱらついていた。路面も濡れている。テレビは朝から大雨情報を盛んに流している。台風は去って温帯低気圧となったが、そこに向かって南からの湿った空気が流れ込み、四国に記録的な豪雨をもたらしているという。今までに通過した市町村の名前が次々と出てきて、降り始めから一二〇〇ミリを超えたとか、避難勧告が出ているとか、なにやら大変なことになっている。きのうは午後から晴れて、歩いているうちに靴も乾き、これで台風は終わりと思っていたのに当てが外れた。やはりきのう考えた通り、山の中にある六十番は、きょうは行かず、六十一番から先に打とうと決めた。それなら、早く出ることもない。

なまくらだが、七時からのパンやコーヒーの朝食をとって八時に出た。

ホテルの向かいに、コンビニがあった。

「そうだ、傘を買おう」

今まで、どうして思いつかなかったのか。五〇〇円余りの黒い傘を買って歩き始めた。すると菅笠が邪魔になって、傘を頭の真上に持ってこれない。そこで、菅笠をリュックに結びつけることにした。右手で金剛杖を突き、左手で傘を差す。まあ、なんとか格好にはなっている。

六十一番香園寺の本堂前にある立派なろうそく立て。台風で、あいにくの土砂降り。（8月2日）

六十一番香園寺《こうおんじ》は、町の中にある。駐車場にはお寺を紹介するテレビがあり、繰り返し放映しているのが珍しい。中に入ったら大きな鉄筋コンクリートのお寺である。昭和五一年に建てられたそうだ。こうした近代的なお寺はここだけである。

突然、雨が豪雨に変わった。すさまじい勢いで降る。いくら傘を持っていても、これでは歩けない。

ベンチはあるが屋根はない。本堂のひさしで雨宿りをする。景色全体が薄墨色に見えるくらいに雨が激しい。ローソクを立てるところはガラス張りになっていて、私の一本だけがぽつんとオレンジ色の光を放っている。モノクロの世界にそこだけカラーだ。

小降りになったので、国道一一号線を歩いて六十二番宝寿寺《ほうじゅじ》に向かう。一・三キロしかないのですぐに着いた。次が六十三番吉祥寺《きちじょうじ》である。ここも一・四キロしか離れていない。ご本尊が毘沙門天で八十八カ所で唯一という。

いずれもベンチはあったが濡れているし、雨宿りはできない。朝、ホテルを出てからまだ一度も腰を下ろしていないのだ。歩いているか立っているか。足が痛くてどうしようもない。

吉祥寺を出てから県道一四二号線を歩く。どうも舗装路の上りは苦手だ。すぐ息が切れた。すると道の脇に屋根つきの台がある。これ幸いと、靴を脱いで靴下を絞ることにする。びしょびしょだ。固く絞って履いてみたが、気持ちは悪い。ただ、初めて腰を下ろした安心感からか、ご飯を食べてないことに気づいた。ちょうど、正午のサイレンも聞こえる。リュックにあるのはペットボトルのお茶だけだ。

そのとき、上の方から下りてきた姫路ナンバーの車が止まった。頭を剃って紺の作務衣を着たお坊さんと思える人が降りてきて「お接待です」と小さなクリームパンが五個入った袋を差し出した。「エーッ、ありがとうございます」とお礼を言ったら、「気をつけて」とあっという間に走り去った。運転席には茶色の作務衣を着た男性。あの二人香園寺さんで見かけた人たちかなあと思う。もう六十番横峰寺さんへ行って下りてきたところだろうか、などと考えながら、一気にクリームパン三個を食べた。うまかった。ありがたかった。金がないわけではない。でも遍路にこうして親切にしてくれる心がなんとも言えずありがたいのだ。

これに元気をつけて県道を上る。途中、福井ナンバーと石川ナンバーの車が上がっていくのが見えた。ふるさとに近い県のナンバーを見ると懐かしい。黒瀬湖という大きな湖に出たとたん道がよくなった。県道一二号線である。きょうの旅館は、すぐ近い。間もなく道にアーチのように掛かる鳥居が現れた。石鎚《いしづち》神社の鳥居だ。そこをくぐって進む。

宿は山の中の温泉である。到着が早かったから、夕食前に二回入った。若旦那から濁り酒のお接待があった。さらに写真を撮らせてほしいと言われ、「逃亡者としてはまずいなあ」と冗談を言いながら応じた。何でもパソコンに記録しておくということだった。

道案内犬

六十番札所「横峰寺」・六十四番札所「前神寺」

八月三日（火）。

夕べは部屋の窓から雄大な石鎚山が見えた。標高一九八二メートル。西日本で最も高い山という。今朝はガスがかかったり、鋭い山容が見えたりとめまぐるしい。それでも時間がたつにつれ、徐々に青い空が広がった。濃い緑の山々が美しい。絶好の遍路日和である。横峰寺を打った後、この旅館まで「打ち戻り」するため、リュックを置かせてもらい、身軽になって出かける。きのう「往復するのにどれくらいかかりますか」と聞いたら「四時間ですね」と言われた。必然的に一・五倍して考える。つまり、七時に出れば午後一時に着けばいい。リュックがなくて肩が痛まない分だけ楽だ。たぶん、足にも負担が軽いだろう。なにしろ一日中、七キロほどの荷物を担いで動いている。まるでかたつむりだ。それが頭陀袋とウエストバッグだけ。軽快、軽快。

近くの集落で、おばさんが「気をつけて」と励ましの声をかけてくれた。道はすぐに一車線となり、それも亀の甲羅のようにアスファルトがひび割れている。足はまあまあ。先日の雨で靴の革が硬くなり、右足の甲を靴擦れして痛むぐらいだ。

道が右カーブするところで、つながれた犬がしきりに吠える。見ると道路の真ん中で柴犬の雑種と思える茶色の犬が這いつくばって「まいった」のポーズを取っている。その周りを大きい黒い犬が回っている。急に黒い犬が茶色の犬の腹に咬み付いた。「キャンキャン」と鳴いて茶色のほうが逃げた。「まいった」と言っているのに咬み付くなんてと思ったが、どうすることもできない。

逃げた犬は私の前方にいて、どんどん先を行く。カーブで見えなくなったと思ったら、道の真ん中で止まってる。引き返すのかと思えばまた歩き出して先に行く。いや、カーブ地点に私が行くのが遅いと、ちゃんと戻ってくる。歩いているのが分かると安心したようにまた前に進む。これを何度も繰り返す。まるで案内しているかのようだ。

ずっと下り坂である。なんだか変だなと思う。これから山に上がらなくてはならないのに、どこまで行っても下りだ。不安になる。犬のほうは相変わらず、前を歩く。時には五〇メートルぐらい駆け足で戻ってきて、私を確認してはまた先を行く。犬はいいなあと思う。私を探すための上りを全く苦にしてないらしい。

これが一キロも続いたころだろうか。三叉路《さんさろ》で表示があり、この先五〇〇メートルで料金所と書いてある。地図にあった林道の料金所だ。間違いはなかった。今度は上りだ。犬はすたすたと歩く。平地と同じだ。こちらは、ぜいぜいと息を切らす。

料金所で、管理人のおじさんに犬が案内してくれていると言ったら、

「気にいった人がいるとね、横峰寺まで行くよ。お参りが終わるのを待っていて、帰りもずっと一緒に来る」

感心しながら話を聞いていると、

「何回も来てるの？」と尋ねられた。

「いえ、初めてですよ」

「それなら、近道を教えてあげる」と言って、壁に貼ってある地図を示しながら説明してくれた。持っている地図に書いてある遍路道で、もともとそこを歩こうと思っていたが、

「ありがとうございます。そうします」と感謝の言葉を述べた。おじさんは、

「そうそう、ゴンって犬に呼んでみなよ。知らん顔したら別の犬や」

ゴンは先に行ったのか、それから姿を見ることはなかった。

そこからの上りはきつかった。道の脇を山の水が流れているがスピードが速い。それだけ急勾配なのだ。川はすぐに見えなくなり、ヘアピンカーブの連続となる。車道だからくねくねと曲がりながら高度を稼ぐしかない。あとから行く道が目の前の崖の上に見える。汗がどっと噴き出る。おまけにアブの集団がまとわりついてきた。振り払ってもあきらめない。私の周囲を旋回し、ときには白のズボンに三匹ぐらい止まっている。腕にも顔にも止まる。メスのアブか、フェロモンで吸い寄せられたかなどと一人、冗談を言ってみる。いや、山の中に現れた汗臭い格好の獲物なのだろう。とにかく延々と悩まされた。そうした中にも、見上げていた向かいの山がどんどん下の方になっていくのは素晴らしい感動である。

ようやく遍路道の標識があった。あと一キロだ。そこは鎖がしてあって、車が入れないようになっている。ちょうど、鍵を開けて車で通ろうとしている人がいたので、「ここですよね」と確認しながら入った。もともと一般の車はお寺の五〇〇メートル手前の駐車場までしか行けない。あとは歩いていくことになっている。しかし寺の関係者はこの未舗装路を車で通るらしい。

駐車場からの合流地点でバスの団体さんと一緒になった。私を見て「どこから来たのだろう」というような顔をしている。本堂の周辺は少しガスがかかって、まさに霊場の雰囲気に満ちていた。

打ち終えて下りに入った。体を反らすほどでないと下りられない。疲れはしないが、足が痛む。長い、長い下り。よくもまあ、こんな長い距離を上ってきたものだと自分で感心する。料金所まで実に遠かった。ふと見ると、ゴンが料金所の建物の前で番犬のように寝そべっている。おじさんに「ありがとうございました」と声をかけて、さらに下りる。ゴンは付いてはこなかった。けさ出た旅館に戻って「何か食べるものないですか」と聞いたら「うどんならできるよ」と言われ、つくってもらった。

腹ごしらえを済ませ、リュックを取って六十四番前神寺《まえがみじ》に向かう。日差しが強く、日陰になるほうを選んで道の右へ行ったり、左へ行ったりしてふもとまで来た。途中、地区の集会所があったので、玄関のコンクリートの土間で休んだり、さらに倉庫のような建物の前にベンチと自販機があり、休憩させてもらった。なにはともあれ、あちこちにベンチがあるのは非常にありがたい。

高台の田んぼに囲まれた道を歩いていると、軽四が止まって、運転していたおじいさんが「前神寺やろ、乗っていかんか」と言う。すでに前神寺まで一・五キロぐらいのところまで来ている。礼を言って「歩き遍路なんで」と断ったが「そう言わんと」と納得しない。

「いや、歩きます」

珍しく二回断った。

「ワシも行くんや、乗ってけばいい」と言う。やむを得ず、後部座席に乗ったら「事故は保証せんけんにな」

地元の七五歳の人で、月に一度は六十一番から六十四番までをお参りするそうだ。

あっという間に着いた。礼を言ってお参りしてたら、おじいさんが何か探し物をしている。ローソクだと思って「駐車場まで取りに行くのは大変でしょう。これ使ってください」と申し出た。少しはお礼ができたことで、気は楽になった。西条の駅前まで歩いてビジネスホテルに入る。スポーツの大会があるのか若い男女で混んでいた。困ったのは洗濯機や乾燥機が空かないことである。終わっていても洗濯物を取りに来ないので、夜中まで何度も見に行く始末だった。

国道か旧道か

八月四日（水）。

朝、パンにコーヒー、サラダという朝食が無料というので食べてから出発した。きょうはひたすら国道一一号線を歩くだけだ。つまらないと言えばこれほどつまらないものはない。おまけに一時間ほど歩いたら、きのう下痢したおなかの具合がまた悪くなってきた。国道沿いに用を足せるところなど少ない。コンビニは過ぎたばかりである。

国道は、相変わらず歩道が右にあったり左にあったりして、そのたびに車に気をつけながら横断しなくてはならない。背中にリュックを背負っているから走ることもできない。途中でどこにも歩道がなくなった。白線も道路の端に書いてあり、体がはみ出してしまう。そのとき遍路道の矢印があって旧道に入った。この道は安心だが、国道沿いでないとコンビニも喫茶店もない。つまり用も足せない。ジレンマである。

確かに旧道はいい。途中で本をガレージに並べて文庫を開放しているお宅があり、奥さんが「休んでいかれませんか。お茶が入ったところですよ」と声をかけてくれた。旧道は、遍路にとって温かい雰囲気があるのだ。しかし、このときは、用を足すことを最大の目標にしていたため、早々に国道に戻った。

幸い、間もなく喫茶店を見つけて入って事なきを得た。アイスコーヒー五〇〇円は高かったが、用を足させてもらったから文句も言えない。

出すものを出したらおなかが減って、ドライブインで、しょうが焼き定食を食べる。こうしたまともな昼食を食べたのは久しぶりだった。ここでもトイレを借りて万全を期す。上り坂を行くと峠の一番上近くで四国中央市に入った。合併で新しい市名が付いているが、ここは元の土居町である。またおなかが痛む。ようやく一階がレストラン、二階が喫茶店という店を見つけた。腹具合がおかしい割には、かき氷を頼んだ。支払いのときになって初めて女性の店員が「ご利益があるといいですね」と声をかけてきた。「いや、自分のことは何もお願いしてません。悟りそうもないですし……」と笑わせて店を出た。宿まであと少しだ。

クモの巣道　六十五番札所「三角寺」

八月五日（木）。

きょうも晴れ。相変わらず国道一一号線を行く。並行している旧道が遍路道なのだが、どうも国道ばかり歩いてしまう。やはり、新国道のほうが真っ直ぐで、少しでも距離が短いと考えてしまう。これでは修行もへったくれもないのだが……。おなかの具合がまあまあなのが救いだ。

とにかく暑い。時々、自販機やコンビニに寄って飲み物を調達する。しかし、コンビニでは通常、座るところがない。買い物をしても立ったままそこで飲んでいくことになる。広い駐車場を持つ店でもベンチを置かないのは、若者たちのたまり場になるからだろうか。

旧伊予三島市に近づいていくとだんだんビルも増え、都市に出てきた感じがする。しかし、次は標高五〇〇メートルの六十五番三角寺《さんかくじ》である。国道をそれて、山に向かうのだが、入り口でまた間違えた。松山自動車道を超えて並行して進み、途中から山へ上がればいいのだから、そんなにロスではない。高速道路まで来るとかなり山が近い。もともと市街地にこうした道路は造れないだろう。

山道の入り口に公園があってトイレもついていた。ちょうど、見回りというのか、市の職員と作業員が掃除をしにきている。「こんにちは。お疲れさまです」と声をかけて休憩所のベンチに座った。作業員と少し話をして、足のマメを針で刺して水を抜き、テーピングをやり直した。

そこからしばらくは急坂の舗装路を行くが、すぐに遍路道に入る分岐点に来た。地図を見ると、このまま車道を行けばどう見ても距離が長い。そこで山道に入ることにした。これがひどかった。台風の名残か、木は倒れているわ、道は川になっているわ。おまけにクモの巣だらけである。ヘビが怖くて杖をドンと突くが、クモの巣を払うためには振り回さないといけない。ドン、ヒュッ、ヒュッの連続である。

クモの巣が顔にかかったり、菅笠にクモがついたりと気持ち悪いことこの上ない。ただでさえ、やぶ蚊が襲ってきているのに、このありさまだ。もちろん、ぜいぜいと息を吐いて上っているのは変わらない。クモの巣がひどいのは、しばらく誰も通っていないのだろう。

お寺まであと五〇〇メートルというところで、車道に出た。ほっとした。境内には団体さんが相次いで来る。ここには屋根つきの休憩所があり、行ってみるとなんと、「来楽苦」で一緒だった静岡のお遍路さんが座っているではないか。何日ぶりであろうか。お互いにびっくりしたが、話を聞くと台風のため今治の健康ランドに四日間いたという。

「健康ランドで泊まれない日は今治の駅で野宿したよ」と、すこぶる元気である。

道理で、ずっと先に行ってしまったはずの人と会うわけだ。今夜は、山をいったん下りたところの旅館に泊まるという。早速、同じ宿に電話を入れて予約を取った。

こちらはこれからお参りなので、そこで別れた。山を下りるとき、遍路道はこりごりだと思ったが、歩いているとまた「山道のほうが近いのでは」と思えてきて、入った。そして、道を間違えた。もっと東の方に出なくてはならないのに大幅にロスをしてしまった。

宿に着いたら、先に到着していた静岡の人から順番でお風呂である。その人は宿のおかみさんに「二人一緒に入れないのか」と聞いている。私を待たせるのが気の毒だったのだろう。ありがたいと思う。

夕食でお互いにビールを飲みながら、いろいろこれまでのことを話した。会ったのは足摺岬の路上、民宿「来楽苦」、四十五番岩屋寺近くの山道、そしてきょう。四回目である。ところが話していると、昨夜の宿も同じだったことが分かった。私がご飯を食べたあとに着いたらしい。向かいの部屋に誰か入ったことは知っていたが、彼だとは知らなかった。そして、この人とはその後また会うのである。まさに縁としか言いようがない。

遍路ころがし　六十六番札所「雲辺寺」

八月六日（金）。

広島原爆の日である。朝から雨だった。いや、夜中から降っていたらしい。きょうは標高九一〇メートルと遍路の旅で最も高い六十六番雲辺寺《うんぺんじ》へ向かう日だ。そのために無理を言って六時に朝食にしてもらった。早く出ないと先が不安だからだ。しかし食欲なし。ご飯にお茶をかけて流し込んだ。足のテーピングだけはしっかりした。これは後に奏功する。六時四〇分に宿を出た。外に出ると雨はほとんど降っていない。空も明るい。少しは気分も楽だ。

静岡の人とはほぼ同時刻に出たが、お互いに荷物を直したり、自販機に寄ったりするたびに抜いたり抜かれたりしている。そのうちに向こうのほうが速いので、見えなくなった。その人はキャスター付きのリュックだから舗装路だと引いていく。便利なようだが、山道に入ると担がなくてはならない。重さは一三キロぐらいあるという。これもかなわないと思う。私は全部合わせて七キロぐらいだ。それでも肩が痛くなって、紐の位置を変えたりしてしのいでいる。

国道一九二号線をひたすら上る。私の足ではかなりきつい。バス停に立派な屋根つきベンチがあったので、休んでいたらバスが止まった。またまた申し訳なく思う。登坂車線の標識があったので、さらにきつくなると覚悟したら、一〇〇メートルほどで終わった。その間は歩道がなくなっていた。片側だけ二車線にしたため歩道が削られたわけだ。

ようやくトンネルが見えた。長さ八〇〇メートルほどの境目トンネルだ。両側に一段高くなった歩道があるが肩幅より広い程度。おまわりさんにもらった反射材たすきの出番だ。意外に早くトンネルを抜け出た感じがしたのも、テーピングが成功したせいか。

しばらくすると「コンビニ」と書かれた看板が見えた。「そこで昼食などを買っていきなさい。それが最後だから」と、昨夜の宿のおばさんが言っていた商店である。中に入って一リットルのお茶とおにぎり一個を買う。もう焼山寺でのミスはやらない。ついでにサイダーを買ってここで飲んでいくことにする。隣の部屋は休憩所になっていて、椅子とテーブルが置いてある。「少し休ませてください」と断って、レジの横から隣に行ってサイダーを飲んだ。

ここは徳島県である。かずら橋や大歩危《おおぼけ》・小歩危《こぼけ》の名勝で有名な池田町だ。高校野球の池田高校のほうが分かりやすいかもしれない。ということは、朝出た宿が愛媛県四国中央市（旧・川之江市）、今いるところが徳島県池田町。そしてきょう泊まる予定にしているのが香川県観音寺市。歩いて三つの県を行くことになる。徳島はかすめるだけとは言うものの不思議な感じである。

なにはともあれ、出発だ。旧道に入って佐野小学校の前を通り、そこから二キロほど行くと登山口があった。最初はコンクリート舗装の坂道である。傾斜が相当きつい。上を走っていた徳島自動車道があっという間に下に見える。

そこからが山道である。まずは一・五キロほどの距離で、標高にして三五〇メートルぐらい上がる。本格的な遍路道で、木々に覆われて薄暗い。道は落ち葉と尖《とが》った石だらけ。幅はところどころ違うものの、足を下ろすスペースとしては肩幅から一・五メートルほど。一気に全身が汗まみれだ。少し歩いてはタオルを絞る。それで顔を拭くとまた絞る。

上り始めて間もなく、直径三〇センチぐらいの杉の木が倒れて道をふさいでいた。下はくぐるだけのスペースがない。そこで崖を上って木を越えることにする。出っ張った石に足を掛けて慎重に崖を上る。

木をまたいだ瞬間、後ろに引かれたような気がした。とっさに杖を持っていた右手で、何かの枝をつかもうとした。が、空を切った。もんどり打って元の道に落ちた。仰向けに倒れたのである。一瞬にして真っ白なズボンの左側は泥だらけ。白衣の左袖には血がついている。左腕を石か何かで切ったようだ。左の手のひらも泥だらけだ。あとで見たら、左腕に四カ所の擦り傷があるだけで、たいしたけがはしていなかった。もう一度チャレンジして木を越えた。一リットルのお茶で通常よりリュックが重くなっていてバランスを崩したのかもしれない。手のひらの泥を洗う水もない。ティッシュでわずかに拭っただけである。

急坂は「遍路ころがし」と言われている。今まで何度もそう呼ばれた山道があったが、転んだのは初めてだ。そちらのショックのほうが大きかったかもしれない。しかし、大きなけがをしなかったのは幸いだ。信心深くないのにかかわらず、「お大師さまのおかげだ」と素直に思った。

次にまた大木が倒れていたが、これは下をくぐれるほどのスペースがあって無事に通過した。とにかく、行っても行っても同じような遍路道が続く。まさに焼山寺への道を彷彿《ほうふつ》とさせる。しかし、ここにはジャンボミミズはいなかった。少し上っては立ち止まり、笠を脱いでは頭にかけたタオルを絞る……。この繰り返しである。

途中から急に車道に出た。日差しがまぶしい。本当の遍路道はこの区間だけだったのだ。もちろん、車道と言っても車一台が通れるだけ。まだまだ登らなくてはならない。路面はかなり傷んでいる。途中、この道は寺有地で参道整備に協力を求める看板があった。要は補修料をいただくというものである。

駐車場があった。いや、そう書いてあっただけで、車は一台も止まっていない。停車位置が白線で書いてあるわけでもない。止めるためのスペースがあるだけだ。いま、この道の利用者は少ないらしい。山の反対側からロープウエーがついているからだ。高低差六六〇メートルを七分で上がるという。

さて、駐車場からお寺まで、まだ七〇〇メートルある。ゆっくりと確実に行くしかない。

一二時半、ようやく着いた。登山口から二時間二〇分かかっている。いや、考えてみれば、たったの二時間二〇分だ。最初に小さなお堂があり、手水《ちょうず》かと思って入ると、急に音がして水が出てきた。どうやらセンサーがついているらしい。「お大師様の水なので手を洗ったりしないで飲ん

標高九一〇メートルと遍路中最高地点にある六十六番雲辺寺の参道。（8月6日）

でください」と書いてある。柄杓《ひしゃく》で何杯も飲んだ。

休憩所と書かれた屋根付きの平台に荷物を置き、腰を下ろした。見た目では分からないが、全身じっとりとして、ズボンは泥だらけである。ロープウエーで来たらしい若いカップルと中年の夫婦がちらりとこちらを見ていく。呼吸が落ち着くまで休んでから、お参りをし、原爆犠牲者への祈りも捧げた。

納経所で次の六十七番大興寺《だいこうじ》への遍路道を聞いて歩き始めると境内に等身大の五百羅漢像が並んでいる。これには圧倒された。展望台まであと一〇〇メートルの表示があったが、行ってみようという気力がない。すぐに下りの道に入った。こちらは来るときの道と違ってかなり整備されている。丸太で土を押さえて階段状にしてある木道区間も多い。ところどころベンチもある。いや、ありすぎるくらいだ。そうした場所には遍路道のいわれだとかを解説した看板もある。

しかしこの高さを下りるわけだから、実に長い。体力はそれほどいらないが、足に響く。何度もベンチで休んだ。残念なのはベンチの後ろの方に空き缶やお菓子の袋などが捨てられていることだ。ここを通るのは、歩き遍路しかいない。「来たときよりも美しく」という標語を持ち出すまでもなく、ごみを捨てていくその神経にまいってしまう。なんのために遍路をしているのか、その意味さえ分からないのだろうか。

ようやく山道も終わりそうになっていた。最後のベンチ休憩と思って、座ろうとしたらベンチの上に落書きがある。

「よせばいいのに」

ハッとした。あの足摺岬へ行く途中の新伊豆田トンネルに書いてあったのと同じ言葉。同じ者が書いたのか、真似して書いたのか。いずれにしろ、この道で書いてあったということは、やはり歩き遍路が書き、歩き遍路に当てたメッセージであることはほぼ間違いないだろう。なぜかひどく複雑な気分になった。

この日は、観音寺市街地まで行く元気はなかったから、雲辺寺の公衆電話ボックスで、山をおりたふもとにある民宿「青空屋」に予約を入れていた。集落が見え始めてすぐに、その宿はあった。

◇

遍路を締めくくる香川県に入った。よくここまで来たものだと思う。徳島で一緒だった人はすでに結願《けちがん》しているかもしれない。私はこれから、もう一国ある。歩みは遅いが、多くの人と出会って話をし貴重な心の財産が増えた。

讃岐《さぬき》は「涅槃《ねはん》の道場」と呼ばれる。言葉の通り、悟りを開くことになるのだろうか。毎日、足の痛みと汗だらけの体の不快感には慣れることはない。しかし、心の中が次第に研ぎ澄まされているのは確かだ。結願の日には何が待っているのだろうか。

脱サラ民宿

これまで泊まった民宿や旅館は、高齢の方が経営しているものばかりであった。古くから遍路を相手に商売をしてきた人たちなのだろう。シーズンオフとあって、客が私一人だけというところも多かった。風呂を沸かし、ご飯をつくる。そして一泊二食で五〇〇〇～七〇〇〇円という料金である。最も多かったのは六五〇〇円だ。休みもろくに取れず、働き通し。後を継ぐ者がなかなかいないのかもしれない。

民宿「青空屋」は、私より若い夫婦が経営していた。まず、庭というよりガーデンといった雰囲気が疲れきった私を出迎えてくれた。実際に玄関に現れた奥さんは、かわいらしい人である。疲れていたので部屋で休んだ後、風呂に呼ばれたが、足が痛いのでそろりそろりと階段を下りた。

「すみませんね、本当は一階のお部屋にすればいいのですが、あしたハーレーダビッドソンの大会が雲辺寺であって、そのお客さんたちが夜遅く来るのです。うるさいかと思って二階に上がってもらったので……」

「いえ、足は毎日こんな状態ですから」

と、答えたが、歩き遍路のことをよく分かっている人だなあと感心した。洗濯しますからとの言葉に甘えて、恥ずかしかったが汗で濡れた下着まで全部渡してしまった。

夕食時、ご主人と話をして盛り上がってしまった。普通は宿の人も早く休みたいから、客と話すことはあまりない。だが、ここの主人は「焼酎飲みませんか」と言って、二人で「パイン焼酎」を飲んだ。このパイナップルは泊り客が送ってくれたものだという。

この民宿は四月に開業したばかりである。地図には「青空」と載っているが「青空屋」が正しいそうだ。経営しているのは、中山典彦さん（四〇歳）と奥さんの里美さん（四三歳）。二人は隣の徳島県池田町の出身で、家が近く幼なじみだった。九州の大学に通っていた典彦さんは、大阪で歯科衛生士をしていた里美さんと付き合いはじめ、結婚。池田町に戻って典彦さんは食品会社の開発担当、里美さんは歯科衛生士として働いていた。

典彦さんは会社に勤めながら、「区切り打ち」で歩き遍路をしたことがある。そこで、いつかは会社を辞め、遍路のための民宿を経営したいとの思いがあったという。もちろん、民宿は客の

脱サラで二〇〇四年四月に開業した民宿の中山典彦・里美さん夫婦。（8月6日）

食事の用意を含め一人ではできない。里美さんは「それなら私も辞める」と、二人で勤め人としての生活にピリオドを打った。

昨年からいろいろ物件を探した。典彦さんは、

「歩き遍路はだいたい一日に三〇キロ歩く。それで行くとちょうど、この辺りに宿がなかったんです。しかし、道から少しでも入るところはダメ。沿線にあることが条件でした。幸い、ここが売りに出ていたので数カ月かかって改装し、ようやくオープンしたわけです。もともとは、床が落ちるくらい古くなっていたのを、大工さんがすべてきれいにしてくれたんですよ」

私が一番関心があったのは、脱サラすることに奥さんが反対しなかったかということと、今の心境だ。

「いや、全然反対はしなかったですね。じゃあ、私も辞めようと。もちろん、収入は半分になりましたよ。だけど天国です。子供がいないから食っていければいいんですよ」

歩き遍路についても語る。

「自分が歩いていた一〇年前は、歩く人が少なかった。室戸なんかでも、そんなところまで一日で行けるわけがない、絶対にできないと言われた。クソッと思ってがむしゃらに一日に四〇キロ以上歩いた。足が痛くて涙が出た。泣くのは子供だと思っていたが、本当に泣いた」

歩き遍路の経験者だけが分かり合える話である。

「今は暑い時期でお客さんが少なかったんですが、情報によるとお遍路さんが少し増えてきているとのことです。まだまだ知名度が低いため、女房は雲辺寺のロープウエーのところでチラシをまいていますが、私も三角寺で歩き遍路さんを相手にPRを再開しようかと思っています」

二寺同居

六十七番札所「大興寺」・六十八番札所「神恵院」・六十九番札所「観音寺」・七十番札所「本山寺」

八月七日(土)。

朝食を終えて出発するとき、おにぎりと缶入りのお茶をもらった。「これも持っていって」と梨も渡された。

玄関に見送りにきた二人に深々と頭を下げて、きょうの一歩を踏み出した。

観音寺市の道路わきにあった休憩所で一服。暑さと疲れで、ぐったりしている。（8月7日）

曇っている。歩きやすいと思っていたら雨が降ってきた。だが、すぐやんだ。一車線の道をどんどん下る。道の脇には石仏が多い。江戸期に建立されたものだろうか。「越前国《えちぜんのくに》」などと彫られている。途中から二車線になって歩道もついている。ところが足がおかしい。きのうの山越えはテーピングがうまくいって足そのものは快調だったのに、マメでもできたのか。特に左足の親指と人差し指の間がキリキリと痛む。

遍路道を歩いて六十七番大興寺《だいこうじ》に着く。急坂を上がって下りたら山門だ。今度は石段を上がって本堂に行く。他の遍路はいない。静かな納経だ。

大興寺を出て農道を行くと国道三七七号線にぶつかる。ここで、困ってしまった。次の神恵院《じんねいん》へ行くのに、石柱の標識には左へ一三キロ、ところが道路標識には右斜めで一〇キロとある。地図で見る限り左のほうが正しいような感じもするが、一〇キロに負けた。辻小学校の前を通り、大きなため池・一ノ谷池を巻くようにして進んだ。いつになく暑い。足も痛む。

屋根付きの休憩所があって、ほっとする。飲み物はないが梨をもらったことを思い出して食べた。のども渇いていたし、うまかった。だが、この休憩所にもごみが散乱している。情けなくなる。

県道六号線に入ってからは真っ直ぐだ。安心して歩いていたら市街地に入ってまた間違えた。JR予讃線を越えてから橋を渡らなくてはならないのに、渡らなかった。すると観音寺駅前に出た。ややロスだが逆に探していた喫茶店があった。次から次へと美容院ばかりあって喫茶店がなかったのだ。

駅前の喫茶店は新規開店して間もないらしい。アルバイトの若い女性が、水をすぐ飲み干す私を見て、頼まないうちに何度も水を持ってきてくれた。

元気を取り戻し歩き始めると大きな神社に出た。琴弾《ことびき》八幡宮である。この小高い丘の公園の中に六十八番神恵院と六十九番観音寺《かんおんじ》がある。ここでも上り口が分からず、市街地や海が眼下に見える展望台まで来てしまった。そこからどんどん下りてきてお寺である。とんだ回り道だ。

境内に入ると「観音寺」と書いてある。「あれっ、先に神恵院へ行かないとならないのに……」と思って、境内に掲げてあった伽藍《がらん》の配置図をよく見ると、同じところに神恵院もある。うかつにも八十八カ所で唯一の二寺が同居していることを知らなかった。本堂と大師堂の計四カ所を立

七十番本山寺。遠くから五重の塔が見えて、それを目印に灼熱の道を歩いた。（8月7日）

て続けにお参りする。納経所も一カ所で二つ分書いてくれるから六〇〇円を支払う。

一服していると、白衣は着てないが遍路と思われる親子が山門から上がって正面の大師堂だけにお参りし、そのまま納経所へ行く。まあ、それでもいいのだろうが、せっかく来たのにもったいない話である。

七十番本山寺《もとやまじ》は、ここから四・五キロ先にある。財田川《さいた》の右岸道路をさかのぼっていく。日差しをさえぎるものは全くない。暑い。とてつもなく暑い。熱せられた道路から靴の底に熱が伝わり、足も火照っている。それでも休まず行った。遠くから五重塔が見えたので一気に行けたのかもしれない。

本堂をお参りし、ついで大師堂で般若心経をあげているときだった。突然、顔から汗が噴き出した。ぽとりぽとりと汗が地面に落ちる。あれはいったいなんだったのだろうか。

池ポチャ　七十一番札所「弥谷寺」・七十二番札所「曼荼羅寺」・七十三番札所「出釈迦寺」・七十四番札所「甲山寺」・七十五番札所「善通寺」

八月八日(日)。

この日の朝、本来はきょう結願できたら、「八八」語呂合わせでよかったのにと変なことを思う。まだまだ先は遠いのに、である。

朝食抜きで歩き始めた。国道一一号線は交通量調査の学生アルバイトたちが交差点の角々に陣取っている。彼らにも声をかけつつ歩いて行く。

宿から七十一番弥谷寺《いやだにじ》へは一〇キロの道のりである。ほとんど休まず一気に来たが、調子がよすぎて行き過ぎ、また三角形の二辺を行く遠回りをすることになった。どうもうっかりしすぎである。

弥谷寺は地図では気づかなかったが、直前まで平地で一気に二〇〇メートル上るようになっていた。どうも腹具合が悪い。我慢して上るが、便意はかなりきつくなっている。意を決した。車が来ないのを見計らって竹やぶに入り、用を足した。所有者の人には申し訳ないが、緊急避難である。

ようやく上りきったと思ったら、仁王門から三七〇段の石段が続いている。お堂が点在しており、大師堂は靴を脱いで、堂内に入ってお参りする初めての形式だった。座って読経するところなのだろうが、勝手が違うためどぎまぎして、立ったまま唱えた。

山から下りて「道の駅」で昼食をとった。若い女性店員に、

「ここから真っ直ぐ山を越えて曼荼羅寺《まんだらじ》へ行けますよね？」と地図を見せながら聞いたら、

「えー、遍路道ですけど、けもの道のようなものですよ」

そうだ、山の中の遍路道は地元の人にとっても、けもの道にしか見えないのだ。いや、車社会では車道こそが道であって、それ以外は、けもの道なのかもしれない。

結局、遍路道を行かずに山を迂回《うかい》して行くことにした。ただ、県道も上り坂がきつかった。高松自動車道の上をまたいで、上りきったら国道一一号線に出る。てくてくと歩いていたら面白いものを見た。

ため池が、そのままゴルフ練習場になっているのである。ところどころが島状になっているものの、要は池の中に向かってボールを打つ。左右のネット以外は施設的にそれほど費用がかからないけど、ボールの回収はどうするのだろうと思ってしまう。打ったボールは全部、池ポチャだからである。

七十二番曼荼羅寺《まんだらじ》は、遍路道から行くと先に七十三番出釈迦寺《しゅっしゃかじ》を打ったほうが効率はいい。だが、距離はそれほど違わないため、順番どおり七十二番へ行く。

境内に着いて休んでいると「歩いておられるのですか」とグループで来た中の一人のおじさんが話しかけてきた。一通りこちらの遍路話を聞いたあと、「仕事で韓国に四年間いたのだけど、向こうのお寺はみんな山の上でね。お参りが大変だった」とか「あなたは富山から来たそうだが、富山の共同火力（発電所）にも仕事で行きましたよ。あれはタービンが東芝製でね」などと言う。聞いたら、石川島播磨《はりま》重工業に勤めていたと言う。いろんなところに、いろんな人がいるものである。

弘法大師が自ら建立した真言宗発祥の根本道場・七十五番善通寺の五重塔。（8月8日）

出釈迦寺は、そこから八〇〇メートルの上りである。お寺に着いたら、先ほどのグループが帰るところで、口々に「お気をつけて」と言ってくれた。少し話しただけで知り合いになってしまう。私が「みなさんも、お気をつけて」と返したら、声をそろえて「ありがとうございます」

曼荼羅寺で、こんな髭面の遍路によく声をかけてくれたものである。だからいま、気持ちよくあいさつを交わせる。

このお寺には奥の院として捨身ケ嶽禅定《しゃしんがだけぜんじょう》がある。若き日の弘法大師が仏の道に生きるかどうかを問い、断崖から身を投げたところ、釈迦如来と天女が現れて抱きとめたという場所である。行ってみたかったが、今回はあきらめて先に進む。

七十四番甲山寺《こうやまじ》へは田んぼの中の道を歩いていった。春とか秋なら絶好のコースだろうなと思う。田んぼの中を白装束の遍路が行く。まさに絵になる風景である。しかし、今は日差しをさえぎるものもない。暑くて長い道のりである。

七十五番善通寺《ぜんつうじ》に着いた。あまりにも有名で観光客も多い。境内は驚くほど広い。本堂と大師堂との間を横切る道路があるくらいだ。ただただ、感心するばかりである。

ドリンク剤とお線香

七十六番札所「金倉寺」・七十七番札所「道隆寺」・七十八番札所「郷照寺」・七十九番札所「高照院」

八月九日（月）。

ホテルをチェックアウトするとき、フロントの女性に七十六番金倉寺《こんぞうじ》への道を聞いてみた。すると地図を見てイメージしていた方向と違う。やはり尋ねてよかった。また失敗するところだった。歩き出すと足が痛い。マメができている左足の親指と人差し指の間の処置がうまくいかなかったのかもしれない。ほかのマメはすぐに完治したが、ここは水を抜いても、すぐにたまる。

宿からは四キロもない。そこに着いてから手当てをしようと市街地の広い道を歩く。途中でコンビニに寄ったら、凍ったレモン水とお茶が壁際のケースに置いてあるのが見えた。なぜ、今までそれを知らなかったのだろうと、ひどく後悔した。普通の冷たいお茶はリュックに入れておくと、ほんのしばらくで「ホット」になっている。しかし、これならずっと冷たいまま飲める。やや感動して、レモン水とお茶の両方を買った。

金倉寺のあるところは善通寺市金蔵寺町である。ちょっとややこしい。大きな念珠が本堂の天井からぶら下がっていて、回すよう書いてある。少しだけ回してみた。

七十七番道隆寺《どうりゅうじ》も四キロぐらいしか離れていない。このあたりは寺がめじろ押しだ。さっき買った氷のレモン水を飲もうとしたら、まだほとんど溶けていなかった。これまた困ったものである。自販機で別のものを買って飲んだ。これほど、溶けにくいとは考えてもいなかった。

県道二一号線をひたすら真っ直ぐ行く。次第に都会的な雰囲気になってきた。丸亀市の中心部に入ってきたのだ。ＯＬたちの姿も見える。今日が月曜日だったことを思い出す。ビルが建ち並び繁華街のアーケードがある。なにか現実の世界に引き戻されたような感じだ。

宇多津《うだつ》町との境界付近で「お遍路さん、お茶上げるからちょっと待って」と中年の女性に声をかけられた。ちょうど家に入るところだったのだろう。鍵を開けて中に入り、しばらくしてドリンク剤と缶入りのお茶を手に現れた。

「私、去年歩いたのよ。大変なのよく分かる」

「そうなんですか。本当にありがとうございます。南無大師遍照金剛……」

お札を渡すと、「富山県から来たの、暑いから気をつけて」と。

足が痛くても、変な歩き方はできない。元気と勇気をもらって、歩きながらドリンク剤を飲んだ。七十八番郷照寺《ごうしょうじ》には間もなく着いた。参拝を済ませたあと、足のマメの治療をしようと思ったがベンチがない。ベンチがないのは初めてである。どこかにあったのかもしれないが、見渡しても見つからない。やむを得ず七十九番高照院《こうしょういん》に向かって歩き始めた。

すぐに宇多津の町役場があり、その隣に立派なコミュニティセンターがあった。ここなら大丈夫と中に入ると椅子やテーブルがある。冷房もきいてる。職員に断って靴下を脱ぎ、マメに針を刺して治療した。テーピングをしていたら、入ってきたおじさんが、「暑いのに、信心なことやなあ」と声をかけて行った。そんな信心もないだけに、初めて聞いた言葉に気恥ずかしい思いであった。

少し足が楽になったので、快調に歩いていると、「お遍路さん」と声をかけられた。自転車に乗ったおじいさんだ。

「そこに休憩所があるから、休んでいかんかね」

もう少し続けて歩きたかったが、そう言われた以上、止まらざるを得ない。お菓子をもらったうえ「水は持ってるか。水は大事や。なければ上げるよ」と。それから、おじいさんの話が始まった。いま六九歳だが、心臓病で死ぬか生きるかの思いをした。何日も意識が戻らなかった。「八十八カ所を徳島だけでやめたから罰が当たったんや」という。「そんなことはないでしょう」と答えたが、かまわずに話し続ける。これから病院に行くというので、ようやく別れた。

宿も決めていないのにどんどん歩く。坂出《さかいで》の町に入った。ここは長いアーケードの商店街が遍路道になっている。こうしたところを歩くのは遍路に出て初めてだ。店から少し冷気が漏れてきて涼しい。日差しがさえぎられるだけでもありがたい。アーケードが切れたあたりで、また呼び止められた。

「お遍路さん、お線香を接待するから、ちょっと待って」

その奥さんは向かいの自分の店に私を連れて行った。洋品店なんだろうか。店には友達らしい女性がいる。立ったまま待っていたら、冷えたドリンク剤とお線香を奥から持ってきた。もう一人の女性が「私もお接待」と、ティッシュに包んだお金を差し出す。そして椅子を勧められた。これで、「ありがとうございました」とすぐ別れるわけにはいかなくなった。歩き遍路のいろいろな話で盛り上がり、どんどん時間がたつ。

「この先に宿があまりないから、坂出の町まで戻って泊まる人もいるのよ」などと情報も仕入れ、ようやく出発することにした。歩きながら、いくらお遍路と言っても、自分は声をかけられやすいタイプなのだろうか。いやいや、髭の伸びたうさん臭い遍路だから、そんなこともないはず。

もちろん、真相はいまだに分からない。これが普通なのかもしれない。

七十九番高照院は、場所がなかなか分かりにくかった。白峰宮という神社があって、その境内にあるはず。ところが、そこは「天皇寺《てんのうじ》」というお寺である。おかしいなあと思っていたら、天皇寺が高照院なのである。ここに遍路が一人地面に座っていた。頭は丸刈りで、おわんを前に置いている。参拝した後、お接待しようと近づいて、おわんに一〇〇円玉を一つ入れ、お菓子もあげた。すると、「お接待してもらって、ただというわけにはいかない」と、その人は言い出して絵をかくという。何年生まれかと干支《えと》を聞くので「うさぎです」と答えたら「うさぎか……、難しいな。まあ何とかなるやろ」と筆に墨を含ませ、さらさらと描いた。横に「とんで　とんでまわって　うれしの　へんろ道」と文字を入れた。なんだかよく分からないが、旅の思い出が一つ増えた。お礼を言って別れた。

山道での再会

八十番札所「国分寺」・八十一番札所「白峯寺」・八十二番札所「根香寺」

八月一〇日（火）。

八十番国分寺は名前が示すように大きな境内だった。納経所のおばさんと世間話をして再び歩き出すが、きょうも足のマメの状態は悪く、左足をまともに下ろせない。不自然な歩き方をするから右足もおかしくなる。これではまいってしまうと、マヒして痛みが感じなくなるまで普通に歩いてみようと思う。これからまた、山登りだ。

八十一番白峯寺《しろみねじ》は標高二八〇メートル。しかし、国分寺から遍路道を行くと、まず四〇〇メートルの山越えをしなければならない。この道も「遍路ころがし」である。整備がされていて道幅は広く、二メートル以上あるところも多い。ただ、上りがきついことには変わりはない。山の中を上がったり下りたりに体力不足、脚力不足を痛切に感じる。

いったん車道に出た後、また遍路道へ。自衛隊の演習場があり、その有刺鉄線で囲まれた外を歩くことになる。

白峯寺さんへあと少しという坂を下りていたら、あの静岡のお遍路さんが向こうから上ってくる。またまた出会ってしまった。これで何度目なんだろう。よくよく因縁がある。雲辺寺のあとどうしたかなどの話をして別れた。きょうは「きらら」に泊まると言う。温泉施設で素泊まりだが、レストランもあるそうだ。

なかなか魅力的な宿だが、かなり遠いので私の足では無理かもしれない。そんなことを考えていたら、あと〇・三キロの表示のところに「下乗石」というものがあった。説明書きによると、「ここからは聖地であるから、どんな高貴な者も乗り物から降りて自分で歩いて参拝しなさい」と

八十一番白峯寺への山中の遍路道で見かけた下乗石（左）。昔は高貴な人も、ここから馬や駕籠から下りて聖地に入った。（8月10日）

いう目印らしい。今、ほとんどのお寺は本堂まで乗りつけられる駐車場を確保している。足の悪い人もお参りできるようになったから結構なことだと思うが、昔は高貴な人もこの遍路道を来て、ここからは歩いて行ったのかと思うと感慨深い。

参拝後、ベンチで足のマメに針を刺して治療した。人が目の前を歩いていく場所であり、申し訳なかったが仕方がない。ごくわずか血の混じった水が出た。それで、かなり楽になった。

白峯寺から次は八十二番根香寺《ねごろじ》である。こちらも山の中であり、遍路道を行く。しばらくは「打ち戻り」で、さっき下った遍路道をまず上がる。約五キロ。地図には車道も歩くことになっているが、標識を見ながら行ったらすべて遍路道だった。この間のつらさはもう書かないが、足の弱い者にとってはかなわない。とにかく上ったり下りたりである。

根香寺を打ち終えてからは、ずっと下りである。時折歩く遍路道は胸まである夏草に覆われ、道が見えないところもあった。ヘビがいても踏んでしまうかもしれないと思うと杖で突きながら下りるしかない。車道に出てからは急激な下りで足が棒になる。

ところが下りてきたら急に「きらら」まで行ってみようかという気分になった。とっくに足は限界に来ており、一歩も動きたくないという状態なのに、なぜか予約の電話を入れた。素泊まりだから食事の時間までに入る必要がないというのを考えたからかもしれない。

根香寺から一一・五キロ。山の寺を二つ打ってからの距離としては、自分の限界だろう。市街地に入ってあと少しというところに来ても足が進まず、香東川《こうとう》の河川敷にビニールの雨具を敷いて休んだ。少しずつ日が傾いている。

それでもなんとか宿に着いた。フロントに行ったら、券売機で宿泊券を買ってほしいと言われた。そういう仕組みなのである。フロントは温泉の方にあり、宿泊は別棟だ。案内されて行くと立派な施設である。洗濯機、乾燥機は付いているし、部屋に入ると冷蔵庫からガス台まである。奥が和室である。

すぐに温泉に浸かりに行った。いくつもの湯船があって一般の人も多く入っている。首まで埋めて浸かっていたら、静岡のお遍路さんに見つけられた。喜んでいる。

「あんた、ここまで来るとは思わなかったよ。すっかり手前で泊まるのかと思ってた。よく来たなあ」

上がってレストランで食事を共にすることにした。初めて名前を聞いた。金原さん（六三歳）。その人が問わず語りにこう言った。

「おれはさあ、これまでアリンコなんか平気で踏み潰してたよ。ところが、この旅を通じて、なんかおれも生かされていると思うようになったんだよね。そしたら、虫一匹殺せなくなったよ。足元も注意して歩くんだ。ほら、台風のときもなんとか道が開けてくる。自分で計画を立てているようだけど、それも、いろんなことがあって、そうなるように計画が出来ていく。つまり、生かされているんだよ。もうすぐ旅も終わるけど、また来たいね。今度はお金をできるだけ持たずに歩いてみたい」

同じ白いあご髭をしているが、私よりはるかに純粋な人である。静岡から車で来て、預けるところがなかったので一番の霊山寺に止めさせてもらったという。もしかして一週間か一〇日ほどで帰ることになるかもしれないと思っていた。だが、焼山寺へ二日がかりで行き、自信がついたとも。

「戻ったら駐車のお礼をしなくちゃね」と言う。この人と出会ってよかったと思う。

誰の供養？　八十三番札所「一宮寺」・八十四番札所「屋島寺」

八月一一日（水）。

「きらら」は八十三番一宮寺《いちのみやじ》の近くだったが、昨日は午後五時の納経に間に合わず、朝イチで行くことに。朝食を金原さんと二人でとり、玄関前で別れた。

「今度こそ、会えないですよね、お気をつけて」と声かけたら、

「また会うかもしれんな」と言って出発して行った。

一宮寺は幹線道路からやや入った閑静な場所にあった。あとは高松市の中心部をかすめて八十四番屋島寺《やしまじ》に行き、ついで八十五番八栗寺《やぐりじ》まで行けるかどうかだ。

コンビニに寄って、凍ったレモン水を買って出てきたら、自転車のおばさんが一〇〇円玉をお接待してくれ、

「どなたの供養でしょうか」

と聞いてきた。これまた初めての質問だった。

「えーっと、まあ供養というわけではないのですが……。父親は平成八年に亡くなりましたが……」とあいまいな返事をしてしまった。

それにしても四国の人はどうしてこうも信心深く、また見ず知らずの人に親切にしてくれるのだろう。

高松市の中心部に来ると、御坊川に沿って歩く。小公園があったので、一服する。また足のマメが痛み始めていた。調子がよかったのは歩き始めて二時間ほどだけである。JR高徳線と琴平電鉄長尾線を相次いで越えて国道一一号線に入る。こうした市街地は本当に休むところがない。喫茶店しか休むところがないが、これまたなかなか見つからない。うどん屋ばかりである。

ようやく見つけた喫茶店は繁盛していて、長居するわけにもいかない。すぐに歩き始める。前方に見えていた屋島がどんどん大きくなる。源平の合戦で有名な屋島。過去に二度来たことがある。しかし歩いて上ったことは一度もない。その上り口の直前、おばさんが、「お接待します。好きか嫌いか分からないけど……」と、ドリンク剤をくれた。感謝の言葉を述べ、遍路の話をしていたら「これも持って行って」とミニトマトをいくつも手のひらに載せてくれる。自家菜園でつくったものらしい。

人は少し話をすると親しくなり、できることをしてあげようという気持ちになるものだ。もらったトマトを食べながら歩いた。

屋島の上り口は急坂である。舗装路だが横に溝が切ってある。標識には「勾配21%」と書いてある。車でも七〜八パーセントとなるとかなりの急坂である。ここまでは炎天下にもかかわらず、連日のことで体が慣れたのかそれほど汗をかかなかった。ところが上りに入ったとたん、腕にも玉の汗である。

ところどころに仏像などが安置してあり、「食わずの梨」というのもある。なんでもお大師さまが、うまそうな梨を見て所望したところ、農民がこれは食べられないとうそを言って断った。そしたら石のように硬くなって本当に食べられなくなったという伝説だ。

道は右へ行ったり左へ行ったりして次第に高度を稼ぐ。いつの間にか市街地が眼下に見えるようになっている。汗だくでお寺に到着した。

ちょうど、足の悪いおじいさんが若い女性に支えられながら六～七段の石段をおりてきた。女性はまた石段を上り、車椅子を取ってこようとしている。すぐに駆けつけて手伝った。折りたたみ式の軽めの車椅子だったが、女性が持ち上げるにはきつい。お礼を言われたが「いいえ」とだけ答えて本堂に向かった。少しでも人の役に立ちたいというのは、人間の持って生まれた心であろう。むしろお礼を言われるのが恥ずかしい。

境内には観光客が多い。寿老人《じゅろうじん》の像の前で、若い女性が「ことぶきろうじんって、どんな人?」と聞いていたのには驚いた。

打ち終わって、次に向かうとき「氷」の旗が見えたので、休んでいくことにする。客はほかには誰もいない。おばあちゃんが「みぞれ」をつくってくれた。また、遍路の話になる。地元の人でも歩き遍路のことはよく知らないし、どんな道を歩いているのかも知らないからだろう。すっかり長居してしまった。かき氷代の三〇〇円を払おうと一〇〇〇円札を出したら、おつりを七五〇円渡された。

「五〇円はお接待です」

「いや、ご商売だから困ります」と言ったが、「いいんですよ」と引き下がらない。

「ごちそうさまでした、ありがとうございました」と感謝の言葉を述べて、八十五番八栗寺に向かった。向かいに見える山の中にある。

しかし、この下りもきつかった。木道で整備してあるが足が届かないと思えるほど段差がきつかった。標高二八四メートルを真っ直ぐに下りてくるような感じである。

足が限界にきて、きょうは八栗寺のふもとの宿に入る。

源内の墓　八十五番札所「八栗寺」・八十六番札所「志度寺」・八十七番札所「長尾寺」

八月一二日（木）。

八栗寺への道はコンクリートの坂道だった。ケーブルカーのふもとの駅の横が上り口だ。ケーブルを右手に見ながら上がるが、路面に横溝が切ってあるほどの急坂だ。

途中で散歩の人が軽快に降りてくる。「おはようございます」とあいさつだけは元気よくしてみるものの、情けないかな、こちらは息も絶え絶えに上るしかない。舗装された坂を上がるのは苦手だ。とはいえ、今までいた町の家々が急速に眼下に広がっていくのは感動的で、自分の足で上がっていることの喜びもある。一度も休むことなく頂上に着いた。

きのうからの作戦で、一気に八十八番まで行くのは無理と判断し、きょうは八十七番の長尾寺《ながおじ》までと決めた。距離は短い。だから気は楽だし、足も軽快なのかもしれない。八栗寺を打ち終えて次へ行くには、大師堂の前を通って駐車場経由で下りる。ここはアスファルトだが、延々と長い下り坂である。途中には「下り21%」の標識もあって、体を反らして下りる感じだ。

しばらく地図を見ずに、標識や遍路シールを当てにして歩いていたら、地図上の遍路ルートとは違い、海沿いを歩いて国道一一号に出た。こちらの方が近いのだろうか。途中で旧道に入り狭い街道筋を歩く。いきなり右手に「平賀源内先生遺品館」という看板が見えた。隣には「平賀源内先生旧宅」もある。

平賀源内……。言うまでもなく江戸期の発明家である。発電器エレキテルを日本で初めて完成させたことで有名だ。うなぎ屋に頼まれて土用の丑《うし》の日にうなぎを食べる習慣を広めたのも源内という。なかなか不思議な人であり、個人的に惹《ひ》かれてしまう人物だ。

そういえば、四国に来てからテレビで四国電力のコマーシャルを何度か見た。原子力発電のPRでリサイクルを訴えているが、浮世絵のような平賀源内と思われる絵を使っていた。

八十六番志度寺にある平賀源内の墓。（8月12日）

源内が、ここの出身だったと初めて知った。合併してさぬき市となっているが、旧志度町である。遺品館や旧宅に入ってみたかったが、遍路であることに躊躇《ちゅうちょ》して通り過ぎてしまった。

そこから五〇〇メートルほど行くと、八十六番志度寺《しどじ》である。五重塔があり、立派なお寺だ。団体遍路が二組、相次いで訪れたこともあり、まずはのんびりと休憩。外国人が「高松レンタサイクル」と書かれた自転車に乗って遍路に来ている。

打ち終えたあと、せめて平賀源内のお墓は参っておこうと、山門に向かって左手の門をくぐってみた。すぐそばに少し苔《こけ》むした墓があった。「南無大師遍照金剛……」

県道三号線に入って、八十七番長尾寺を目指す。この道は単調で面白みに欠ける。途中に休憩所があったので、ゆっくりと休んだ。町の中だが境内は広く、子供連れのお遍路さんがいた。きょうはここで終わり。八十八番は明日である。

実は数日前から、結願の日の来るのをなんとなく恐れるようになっていた。もう終わってしまうことがさびしくなったとも言える。だから、ゆっくりと歩いた。あえて高松駅前に宿をとり、琴平電鉄《ことでん》で戻った。明日は、この長尾寺から歩く。

結願へ

八月一三日（金）。

ホテルのフロントにキーを置いて、コンビニに立ち寄り、おにぎりと凍ったレモン水を手に入れ、六時二〇分の始発電車に乗る。乗客はまばらだが、一〇代と思える若いカップルが三組。申し合わせたように女性が男性の肩に頭を預けて目を閉じている。いやおうなく現実の都会の光景を見せ付けられる思いだ。同じ電車に遍路姿の三人のグループがいる。中年の人が若い人二人を連れている。修行なのだろうか。

終点・長尾には七時ごろに着いた。きのう通ったから道は分かる。長尾寺の前を片手で拝みながら通過し、県道三号線をずんずんと歩く。幸い、足のマメは全く痛まない。あとは体力が続けばいい。

途中で、並行する旧道に入って快調に飛ばす。先を行くお遍路さんを追い越してしまった。「おはようございます」「朝から暑いですね」の短い会話だけで通り過ぎてしまった。

八十八番大窪寺へ行くには、大きく分けて三つのルートがある。長尾寺から約四キロのところにあるダムの上を通って遍路道に入るのと、途中まで林道を歩いて遍路道に入るもの、もう一つは、県道三号線と国道三七七号線を経由して行く方法とである。

大窪寺の標高は四四五メートルだから、それほどきつくはない。しかし、遍路道で行けば、その手前にある標高七八〇メートルほどの女体山を越えなくてはならない。

正直、迷った。歩きながらまだ考えていた。そして結論は、真ん中のルート、林道から遍路道に入って山を越えるものであった。楽に行きたいが、遍路の集大成である。それを象徴するものにしたいとの思いだった。長尾寺から四時間との看板があったから、普通なら一一時には着くだろう。自分は正午までに着けばいいと考えたわけだ。

林道に入ると、すぐに急坂だった。アスファルトだから、余計に登るのがつらい。すると、道端にいた奥さんが、

「冷たいものでもあげるから、ちょっと待って」と声をかけてきた。「ありがとうございます」と言いながら、一緒に家に向かい、玄関前で待つ。「水一杯でいいですよ」と声をかけたが、すぐには戻ってこない。

「コーヒーもあったのだけど……」と言いながら缶ジュースと、紙パックのお茶を手にしている。両手で押し頂いたが、とても冷たい。

「私も二回、回ったんだよ、バスだけどね」

それから、話が始まった。いつもの通りである。ジュースを手にしたまま、お互いの今までの遍路の話で盛り上がる。いつの間にか、缶ジュースも水滴だらけになる。

ようやく、何度もお礼を言って別れた。

林道を行くと、また別のお遍路さんがずっと先を歩いているのを見つけた。次第に追いついているようだ。林道から山道に入った。木道が整備されているから、本当の山道とは少し違う。ただし登りはきつい。先を行く人が白い手袋をしているのが見えた。女の人か……。女性の遍路も多いというが、なかなか見かけない。徳島の立江寺であった人ぐらいである。

山道のカーブ地点で、山の湧き水が塩ビのパイプから勢いよく出ているところで、その中年の女性が水に手をつけていた。

「休んでいかれませんか」

「はい、ありがとうございます」と答えて、タオルを洗おうとしたら、驚くほど水が冷たかった。「きょうは暑いですね。私もバテました」と、その女性。どうも遍路ではなさそうだ。しかし、座るところもないので話もできず、「お先に……」と声をかけ、再び登りにかかった。

かなり上ったところにベンチがあり休憩。出発しようとしたら、女性が追いついてきた。ようやく少し話をしたら、やはり遍路ではない。今度、常念岳に登るので足慣らしにきた山登りの愛好者であることを知った。私は「富山県なので、立山には何度も登っているのですが、三〇〇〇メートルの山といっても二四五〇メートルまではバスですからね。遍路のほうが大変です」と言うと、「確かに遍路のほうがきついですよ。標高が低くても、最初から歩いて行くんですから」と。女性はこの山に何度も来ているそうだ。「そこから岩場が少しあって、下ってすぐ上り。あとは大窪寺までずっと下り」と教えてもらった。

ベンチを離れたらすぐ目の前が岩場だった。岩に足をかけて登る。遍路で初めての岩場だ。リュックを背負っているので、また後ろにバランスを崩しやすいが、それさえ気をつけていれば、危険は少ない。途中、足がかりの悪い箇所には、横の岩に鉄筋が手すりのように設置されていた。これを伝っていけば、安心だ。岩場はすぐに終わり、間もなく頂上に出た。まさに一気に上ったという感じだ。狭い頂上を越えるとあとはおおむね下りである。

今度は八〇〇メートルぐらい行く間に、標高三〇〇メートルを下る。木道が整備されているだけに、かえってきつい。段差を一歩一歩下りるのが足に響く。そういえば、以前に、木道の脇の二〇センチほどの幅のところを歩くという人もいた。こちらのほうが滑りやすいが、足には響かない。

先ほどの女性も、こう言ってた。「お遍路さんがたくさん通るので整備されたけど、かえって歩きづらい。これに比べると、熊野古道は昔のまま」と。なるほど、だから世界遺産にも登録されたのか……と先日のテレビ報道を思い出した。

しかし、道には必ず終わりが来る。どんどん降りていくと、眼下に大窪寺の屋根が見えるところにきた。「ゴーン」と鐘の音も聞こえてくる。上りきってお寺があるのでなく、下ってそこにある。歩き遍路しか味わえない体験であろう。

お大師さまの質問　八十八番札所「大窪寺」

午前一一時五五分。ついに大窪寺に着いた。

ここ数日、結願したときの自分を想像していた。信仰心もあまりなく、たぶん「もう歩かなくていいという安堵感《あんど》」が満ち溢れるのではと思っていた。

これまで通り、手を清め、汗をぬぐってから、リュックの中にしまってあった輪袈裟を首にかけた。本堂に向かい、ローソクと線香に火をつける。

愛媛県北条市で自転車に乗ったおじいさんから預かった一二三〇円を頭陀袋から取り出し、「ちゃんと持ってきましたよ」と心の中で呼びかけてから、賽銭箱に入れた。いつもの一〇円と違って、ジャラジャラと音がした。おじいさんの幸せも祈って読経を済ませ、やや離れた大師堂に向かった。そこはたまたま遍路も観光客もいなかった。

蝉《せみ》しぐれの中、開経偈《げ》と般若心経をあげ、「南無大師遍照金剛」と七度唱えた。終わった……。

何も思わなかった。いや、思えなかった。その瞬間、「空」になったのかもしれない。突然、頭で考えもしなかった言葉が口をついて出た。

「ありがとうございました」

その自らの言葉に驚いて、心の中であとを継いだ。

「これまでけがもせず、病気にもならず、無事、遍路を続けることができたのも、お大師さまのおかげです。ありがとうございました。そして、四国の皆さん、ありがとう。多くのお遍路さんたち、思い出をありがとう。そして、最後まで励ましてくれた家族、友人、みんなありがとう」

すらすらと言葉が脳裏に浮かんだ。

目頭が熱くなった。大師堂がぼやけて見えた。

極まった感情を振り切るように、歩き出した。

納経所で、一人の男の子が声をかけてきた。

八十八番大窪寺についに到着。結願し、セルフタイマーでカメラに収まる。（8月13日）

「夏休みの宿題なんですが、アンケートに答えてもらえますか」

バインダーに挟んだ一枚の紙には「どこから来ましたか」「だれと来ましたか」「何で来ましたか（歩き、バス、車、電車）」「何回目ですか」「年はいくつですか」「何日かかりましたか」などと書いてある。

「何年生？　ふーん四年生か。おじさんにも四年生の女の子がいるんだよ」と話しながら、「自由研究かい。ちょっと待ってね」と、おもむろに書き始めた。かかった日数を五一日と書いたら、その少年・将人君は、「もう一日で年と同じだったね」と言う。

はっとした。歩き始めたのが六月二四日だから、自分では五一日間と思い込んでいた。だが、考えてみれば、歩き始める前日に一番の霊山寺をお参りして、遍路の装備を整えている。だから、本当は五二日間。年齢と同じだったのだ。将人君に言われるまで、気がつかなかった。

そして、最後の質問が「また来たいと思いますか」だった。

一度、遍路を経験すると何度でも回りたくなると言われる。実際に出会った多くの人々がそうだった。しかし、自分はこれまで、この苦痛がひたすら終わることだけを考えていた。

一瞬、考えてこう書いた。

「機会があれば、また来たいですね」

うそ偽りはなかった。

最後に投げかけられた、お大師さまの問いだったのかもしれない。

津田　文平（つだ・ぶんぺい）
一九五一年、富山県滑川市生まれ。
明治大学法学部法律学科卒業後、北日本新聞社入社。論説委員、政治部長、経済部長、社会部長、編集局次長兼報道本部長などを歴任。二〇〇四年六月に退社し執筆活動に専念。
著書　『ごみに挑む』（共著・岩波書店）
『和して同ぜず』（北日本新聞社）

お遍路《へんろ》さんと呼《よ》ばれて
四国《しこく》一二〇〇キロ歩《ある》き旅《たび》

二〇〇五年四月六日　第一刷発行
二〇〇五年六月七日　第二刷発行

著者　津《つ》田《だ》文《ぶん》平《ぺい》
発行者　平谷茂政
発行所　東洋出版
住所　東京都文京区関口一ノ四四ノ四
〒一一二―〇〇一四
振替　〇〇一一〇―二―一七五〇三〇
電話　〇三―五二六一―一〇〇四
http://www.toyo-shuppan.com/
印刷　萩原印刷
製本　加藤製本

乱丁・落丁本の場合は、御面倒ですが、小社まで御送付ください。送料小社負担にてお取り替えいたします。
定価はカバーに表示してあります。

JASRAC　出 0502612-501

ISBN4-8096-7496-7